轨道交通实训课新理念新形态活页式教材

轨道交通车辆技术实训指导

（二）车辆电器

主　编 / 袁楷智　蒲华强　吕贵铭

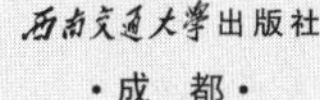

·成　都·

图书在版编目（CIP）数据

轨道交通车辆技术实训指导. 二，车辆电器 / 袁楷智，蒲华强，吕贵铭主编. --成都：西南交通大学出版社，2023.6

ISBN 978-7-5643-9340-3

Ⅰ. ①轨… Ⅱ. ①袁… ②蒲… ③吕… Ⅲ. ①城市铁路－铁路车辆－电气设备－高等职业教育－教材 Ⅳ. ①U239.5

中国国家版本馆 CIP 数据核字（2023）第104985 号

目录
CONTENTS

车辆受电弓的检修与维护

任务一　受电弓的整体认知

一、实训目的

（1）通过实训，学生可以整体认知受电弓的结构和组成。
（2）为后期的检修和维护做理论支撑。

二、理论链接

受电弓是电力牵引机车从接触网取得电能的电气设备，安装在机车或动车车顶上。受电弓可分单臂弓和双臂弓两种，均由滑板、上框架、下臂杆（双臂弓则为下框架）、底架、升弓弹簧、传动气缸、支持绝缘子等部件组成。菱形受电弓，也称钻石受电弓，以前非常普遍，后由于维护成本较高以及容易在故障时拉断接触网而逐渐被淘汰，近年来多采用单臂弓。负荷电流通过接触线和受电弓滑板接触面的流畅程度，与滑板与接触线间的接触压力、过渡电阻、接触面积有关，取决于受电弓和接触网之间的相互作用。

受电弓的动作原理：

（1）升弓：压缩空气经电空阀均匀进入传动气缸，气缸活塞压缩气缸内的降弓弹簧，此时升弓弹簧使下臂杆转动，抬起上框架和滑板，受电弓匀速上升，在接近接触线时有一缓慢停滞，然后迅速接触接触线。

（2）降弓：传动气缸内压缩空气经受电弓缓冲阀迅速排向大气，在降弓弹簧作用下，克服升弓弹簧的作用力，使受电弓迅速下降，脱离接触网。

受电弓结构如图 1-1-1 所示。

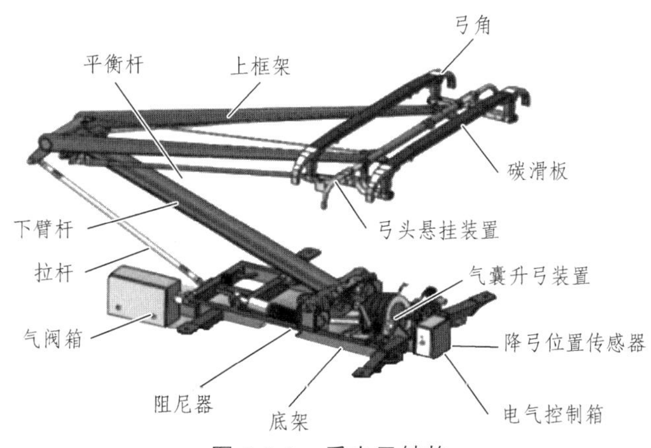

图 1-1-1　受电弓结构

三、实训要求

1. 实训时间

教学课时为 2 课时。

2. 实训形式

学生每 5 人组成 1 个工作小组，各小组根据实训课程任务定制实训实施方案，每个小组选出 1 名组长，组长协助老师指导本组学生进行实训。

3. 安全注意事项

（1）未经教师或管理员允许不得擅自操作。

（2）在万用表使用过程中，注意万用表档位的调节，同时避免用手触碰表笔的金属部分。

（3）须严格按照上电顺序进行上电。

4. 工器具材料准备

（1）防护用品，包括防滑鞋、绝缘手套、工作服等。

（2）工具，包括手锤、油壶、套筒、万用表等。

（3）个人用品，包括笔、笔记本等。

四、实训作业步骤

1. 整体实训过程（见图 1-1-2）

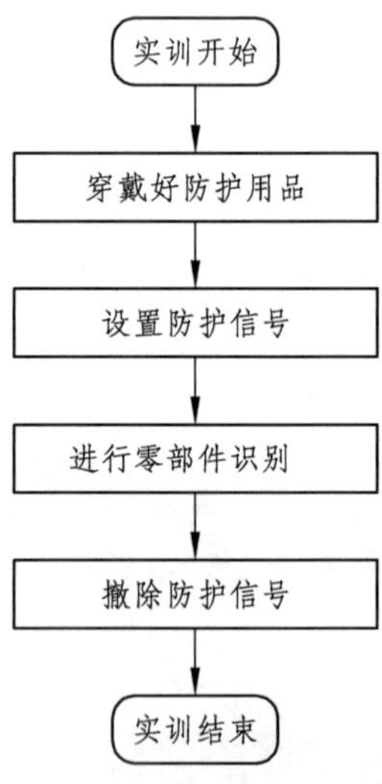

图 1-1-2　实训操作流程

2. 实训作业流程（见表 1-1-1）

表 1-1-1　实训作业流程

工序	实训内容	使用工具	安全注意事项	作业结果记录
1	受电弓组成认知： （1）底架；（2）阻尼器；（3）下臂杆；（4）气囊升弓装置；（5）拉杆；（6）平衡杆；（7）上框架；（8）弓头；（9）碳滑板；（10）气阀箱；（11）电气控制箱；（12）弓角；（13）降弓位置传感器	手电筒、笔记本	操作时带好手套，防止磨伤	
2	底架： 功能或作用：通过支持绝缘子和 3 个安装座将受电弓安装到车顶上。底架上有 3 个电源引线连接点和升弓用气路，还装有自动降弓用快速排气阀、试验阀和自动降弓用关闭阀	手电筒、笔记本	操作时带好手套，防止磨伤	
3	阻尼器： 功能或作用：装在底架和下臂之间，它使得机车运行速度变化大时受电弓和接触网压力变化不大	手电筒、笔记本	操作时带好手套，防止磨伤	
4	下臂杆： 功能或作用：为钢管支撑受电弓重量，传递升弓力矩，其长度决定了受电弓的工作高度。其一端固定在底架上，另一端通过铰链和上臂相连。其上设有钢索导轨，通过钢索和升弓装置相连，升弓装置带动下臂绕轴转动。其内有空气管路，通过管接头和软管连接，作为自动降弓装置的气路	手电筒、笔记本	操作时带好手套，防止磨伤	
5	气囊升弓装置： 功能或作用：气囊升弓装置是受电弓的动力装置，由气囊式气缸和导盘组成，其导盘通过钢索连接在下臂钢索轨道上，进气时气囊胀大，推动导盘向其前方运动，导盘和钢索轨道间拉紧的钢索带动下臂绕轴向上转动，受电弓升起。排气时气囊式气缸回缩，受电弓降弓	手电筒、笔记本	操作时带好手套，防止磨伤	
6	拉杆： 功能或作用：用于调整最大升弓高度和碳滑板运动轨迹	手电筒、笔记本	操作时带好手套，防止磨伤	
7	平衡杆： 功能或作用：一端接在下臂，另一端接在弓头支架的幅板下方，其作用是调整滑板在各运动高度均处于水平位置	手电筒、笔记本	操作时带好手套，防止磨伤	
8	上框架： 功能或作用：上框架为铝合金框架，用于支承弓头重量，传递向上压力，保证受电弓工作高度	手电筒、笔记本	操作时带好手套，防止磨伤	

续表

工序	实训内容	使用工具	安全注意事项	作业结果记录
9	弓头： 功能或作用：弓头安装在受电弓框架的顶端，直接与接触网接触，汇集电流。它主要由滑板座、幅滑板、4个拉伸弹簧、2个横向弹簧及其附属装置组成。两个滑板座与两个幅板相连，组成相对坚固的弓头支架。弓头支架垂悬在4个拉簧下方，两个横向弹簧安装在弓头和上臂间，滑板安装在弓头支架上。这种结构使滑板在机车运行方向上移动灵活，而且能够缓冲各方向上的冲击，达到保护滑板的目的	手电筒、笔记本	操作时带好手套，防止磨伤	
10	碳滑板： 功能或作用：滑板中有气腔，同有压缩空气，如果滑板出现磨损到跟或断裂时，自动降弓装置发生作用，受电弓会迅速自动降下。更换滑板后，要重新启动自动降弓装置	手电筒、笔记本	操作时带好手套，防止磨伤	
11	气阀箱： 功能或作用：通过调节受电弓气压，调节升弓时间和降弓时间	手电筒、笔记本	操作时带好手套，防止磨伤	
12	电气控制箱： 功能或作用：是受电弓电气路的集成部位，连接操作台，控制受电弓升降	手电筒、笔记本	操作时带好手套，防止磨伤	

五、实训考核标准（见表1-1-2）

表 1-1-2　实训考核标准

项目	标准	配分	得分
整体实训过程考核	能够叙述出受电弓检修实训过程	10	
受电弓结构认识步骤考核	能够简述受电弓结构认知的步骤	10	
底架认知考核	可以在实物设备上识别出对应的部件	10	
平衡杆认知考核	可以在实物设备上识别出对应的部件	7	
阻尼器认知考核	可以在实物设备上识别出对应的部件	7	
拉杆认知考核	可以在实物设备上识别出对应的部件	7	
气囊升弓装置认知考核	可以在实物设备上识别出对应的部件	7	
电气控制箱认知考核	可以在实物设备上识别出对应的部件	7	
碳滑板认知考核	可以在实物设备上识别出对应的部件	7	
弓头认知考核	可以在实物设备上识别出对应的部件	7	
上框架认知考核	可以在实物设备上识别出对应的部件	7	
下臂杆认知考核	可以在实物设备上识别出对应的部件	7	
气阀箱认知考核	可以在实物设备上识别出对应的部件	7	

六、思考题

（1）受电弓在列车运行过程中起到的作用是什么？
（2）在以上部件中升降弓的直接动力部件是哪一个？

任务二　受电弓的外观检查及维护

一、实训目的

1. 通过实训，学生可以熟悉常规受电弓的外观检查。
2. 通过实训，让学生掌握维护受电弓的操作。

二、理论链接

1. 受电弓阻尼器

受电弓阻尼器属于油压减振器的一种，是广泛应用于机车车辆悬挂的重要减振构件。常以油液为工作介质，通过外力拉伸、压缩活塞杆往返运动形成液压阻尼力，达到减振目的。其本身具有良好的减振阻尼效应和柔性的减振效果，能够提高机车车辆及部件高速运行时的平稳性、舒适性和安全性。阻尼器主要由接头、底阀组装、油缸、活塞组装、储油缸焊、导承、骨架密封件、压盖、活塞杆等组成，如图 1-2-1 所示。

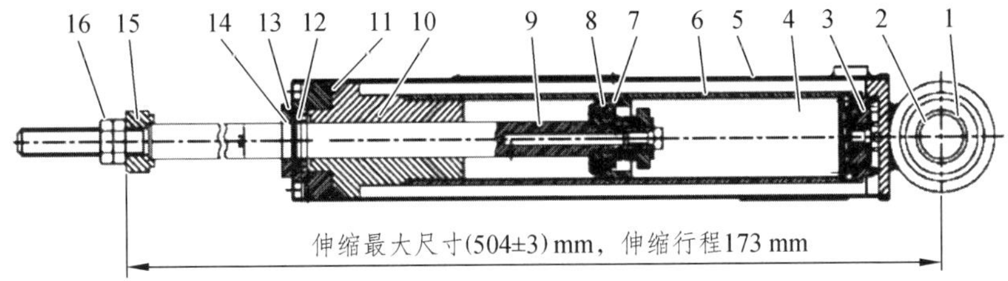

1—螺母；2—活塞杆；3—压盖；4—骨架密封件；5—导承；6—储油缸组焊；7—拉力阻尼孔；8—活塞组装；9—阻尼调节阀；10—油缸；11—底阀座组装；12—接头。

图 1-2-1　阻尼器结构示意

2. 受电弓碳滑板

受电弓上的滑板与接触网直接接触，进行滑动摩擦，滑板的质量和电机性能对受流质量影响很大。

优质的碳滑板应满足以下特性：

（1）力学性能好，能承受一定的载荷。
（2）摩擦系数低，对接触导线及滑板自身的磨耗小。
（3）电阻率低，耐弧性强。
（4）重量轻。

3. 升弓装置

升弓装置是受电弓的动力装置，由气囊式气缸和导盘组成，其导盘通过钢索连接在下臂钢索轨道上，如图 1-2-2 所示。

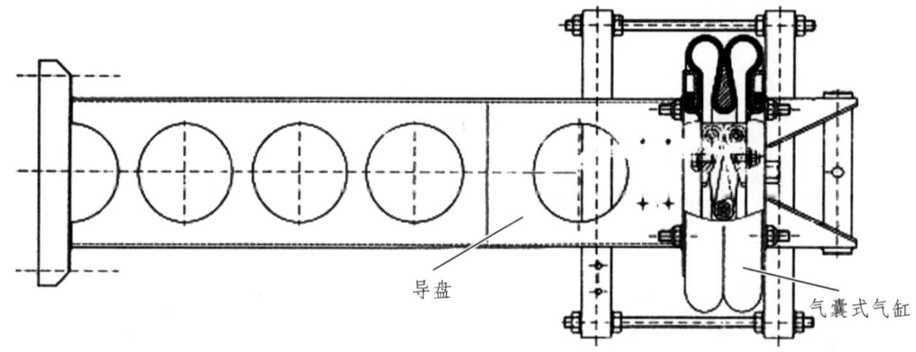

图 1-2-2　升弓装置示意

进气时气囊胀大，推动导盘向其前方运动，导盘和钢索轨道间拉紧的钢索带动下臂绕轴向上转动，受电弓升起。排气时气囊式气缸回缩，受电弓降弓。

受电弓工作要求：正常工况下的各工作高度范围内阻尼器阻尼力较小，从而确保受电弓与接触网之间保持（70±10）N 的恒定静态接触压力，达到稳定受流的目的；异常工况下，受电弓快速降弓接近落弓位置时，阻尼器有缓冲从而避免有害冲击。为满足拉伸、压缩行程时受电弓对阻尼力的需求，受电弓阻尼器的阻尼特性设计为不对称的。

三、实训要求

（1）作业过程中需准确记录每一步的检查结果。
（2）设备缺陷情况需详细描述，并在缺陷处贴好标签。
（3）如有需要更换的部件，领取物料进行更换。
（4）工具，包括酒精、无纺布、钢直尺、塞尺、楔形塞尺。

四、实训操作步骤

1. 整体实训过程（见图 1-2-3）

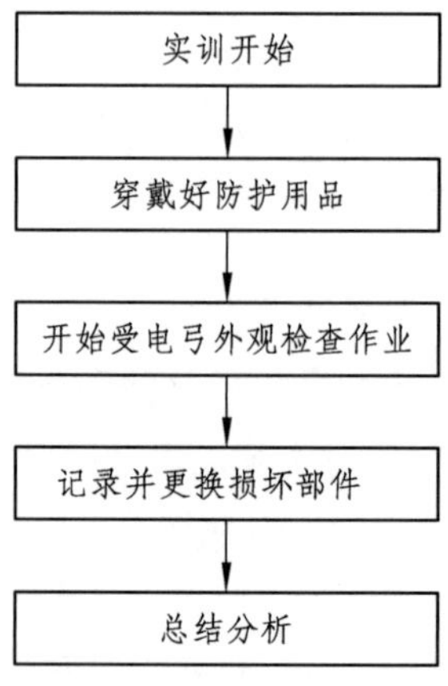

图 1-2-3　实训流程示意

2. 实训作业流程（见表 1-2-1）

表 1-2-1　实训作业流程

工序	实训内容	检查标准/测量方法	使用工具	安全注意事项	作业结果记录
1	检查弓头组成	（1）外观良好，无磕碰划伤、裂纹或缺失，表面无污渍。如有污迹或异物，需要清理干净。 （2）碳滑板碳层和铝托板之间无间隙。 （3）用手摇动碳滑板，碳条应与铝托板连接牢靠。 （4）弓头组件与上框架顶管之间的连接无松动	酒精、无纺布	做好个人防护，带好手套，防止检查受电弓时割伤	
2	测量碳滑板厚度	分别测量两条碳滑板中间及两侧的厚度（工作区），计算平均值，然后分别记录平均值，测量碳滑板厚度为 17.0 mm。（注：测量记录值精确到 0.5 mm，平均数值精确到小数点后一位，碳滑板厚度以实际设备测量值为准）	钢支尺	做好个人防护，带好手套，防止检查受电弓时割伤	
3	测量弓角间隙	用塞尺分别测量 1～4 四个弓角的弓角间隙取平均值	塞尺	做好个人防护，带好手套，防止检查受电弓时割伤	
4	检查导流线	检查受电弓所有导流线，要求不能被拉紧或与其他部件接触，不能出现松股，断股不超过 1/10，否则记录相应位置	酒精、无纺布、水	做好个人防护，带好手套，防止检查受电弓时割伤	
5	检查气囊	（1）表面橡胶无老化，无破损、裂纹或缺失。 （2）表面无污渍。如有污迹或异物，需要清理干净。 （3）要求开口销无缺失且开度大于 60°	酒精、无纺布、水	做好个人防护，带好手套，防止检查受电弓时割伤	
6	检查钢丝绳	（1）检查升弓钢丝绳外观状态良好，无断股，钢丝绳两端端部接头压接良好，目视端头可以清晰看到钢丝绳。 （2）表面无污渍。如有污迹或异物，需要清理干净	酒精、无纺布、水	做好个人防护、带好手套防止检查受电弓时割伤	
7	检查阻尼器	（1）外观完好，无漏油现象（车顶表面是否有阻尼器渗漏的油），否则需要记录具体现象。 （2）元件无老化，否则需要记录具体现象。 （3）标牌字体清晰，标牌向上无破损	酒精、无纺布、水	做好个人防护，带好手套，防止检查受电弓时割伤	

续表

工序	实训内容	检查标准/测量方法	使用工具	安全注意事项	作业结果记录
8	检查底架	外观良好，无磕碰划伤、裂纹或缺失。表面无污迹、异物，如有污迹或异物，需要清理干净	无纺布	做好个人防护，带好手套，防止检查受电弓时割伤	
9	检查气囊	（1）表面橡胶无老化，无破损、裂纹或缺失。 （2）表面无污渍。如有污迹或异物，需要清理干净。要求开口销无缺失且开度大于60°	酒精、无纺布、水	做好个人防护，带好手套，防止检查受电弓时割伤	

五、实训考核标准（见表1-2-2）

表 1-2-2　实训考核标准

项目	标准	配分	得分
整体实训过程考核	能够叙述出受电弓外观检查及维护的整体实训过程	15	
检查弓头步骤考核	正确检查弓头相关部件并记录其真实状态	15	
测量碳滑板厚度考核	正确测量出碳滑板精准厚度	10	
测量弓角间隙考核	正确测量弓角间隙	10	
检查导流线考核	检查导流线并记录其真实状态	10	
检查气囊考核	检查气囊并记录其真实状态	10	
检查钢丝绳考核	检查并记录钢丝绳的真实状态	10	
检查阻尼器考核	检查并记录阻尼器的真实状态	10	
检查底架考核	检查并记录底架的真实状态	10	

六、思考题

（1）测量降弓位置传感器与感应铝板间距离需要使用什么工具?
（2）碳滑板的标准厚度为多少?

任务三　受电弓及部件的紧固件检查与维修

一、实训目的

（1）通过实训，学生可以熟悉常规受电弓的外观检查。
（2）通过实训，让学生掌握维护受电弓的操作。

二、理论链接

1. 防松标记涂打要求

使用标记笔画防松标记时需保证防松标记干燥后不易被擦掉。防松标记应清晰、明显与紧固件垂直，画好的防松标记应整齐、美观、好看。画防松标记的角度和方向应选择便于人从外部容易观察的部位，并且应垂直画在紧固件本身和被连接件的平直面上，应避免画在紧固件的尖角上。若紧固垫圈为开口型垫圈，不允许防松标记画在垫圈开口缝隙处。同一方向的标记应尽可能涂打在同一侧面，如不能涂打到同一侧面的，可选择就近位置涂打。

带有螺母的紧固结构在进行防松标记涂打时需涂打在螺母所在的一端，防松标记长度 $H2$ 需一直延伸到螺母外露螺柱上 3 ~ 6 mm（如螺母外裸露螺柱长度不足 3 mm，则对该裸露长度进行标记涂打，其中螺柱端面不需要涂打），画在被连接件表面上的长度 $H1$ 应为 3 ~ 6 mm，涂打到外露螺柱上，如图 1-3-1 所示。

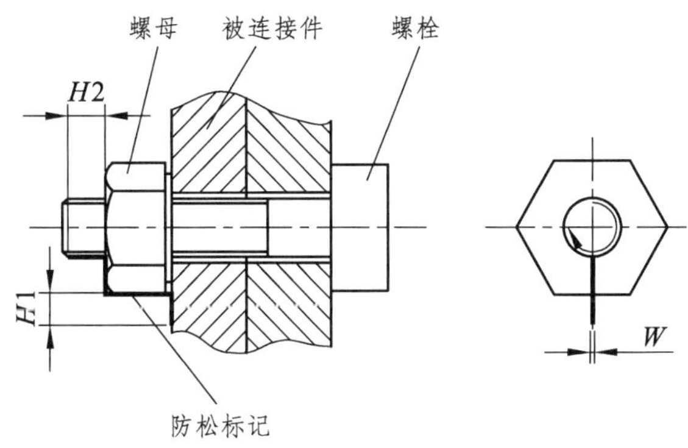

图 1-3-1　螺母端面防松标记

螺钉或螺栓组成的紧固件防松标记应垂直画在螺帽和被连接件上面。防松标记画在螺帽上面的长度 $H1$ 应为 3 ~ 6 mm，画在被连接件表面上的长度 $H2$ 应为 3 ~ 6 mm。当两个紧固件外缘之间距离小于 3 mm 时，$H2$ 长度可以等于这两个紧固件外缘之间的距离。当螺帽外形尺寸小于 3 mm 时，$H1$ 长度可以等于螺帽外形尺寸。

管接头进行涂打时，标记线需贯穿管、管接头到固定件涂打，在管和固定件处标记线长度为 4 ~ 10 mm，如图 1-3-2 所示。

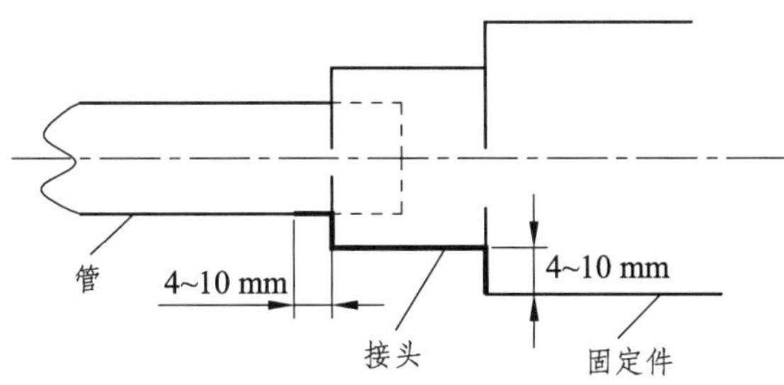

图 1-3-2　管接头防松标记

电线接头涂打时，标记从电线伸出一端的接头端面起沿接头侧面延伸至固定件，在固定件标记长度为 4 ~ 10 mm，标记不得涂打到导线绝缘层上，如图 1-3-3 所示。

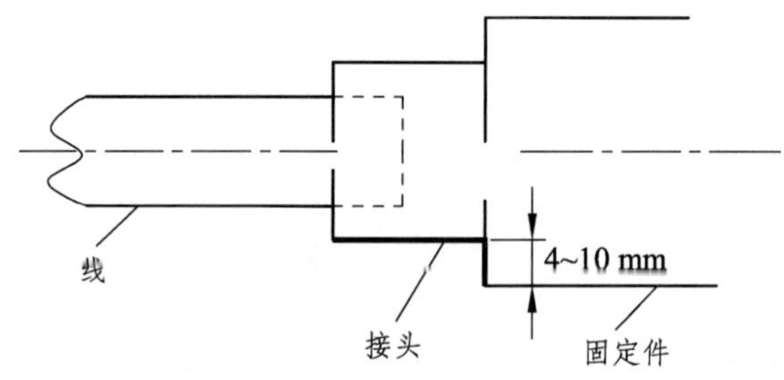

图 1-3-3 电线接头防松标记

2. 紧固力矩表

（1）常规紧固力矩（见表 1-3-1）。

表 1-3-1 常规紧固力矩

螺纹	紧固力矩	螺纹	紧固力矩
M6	6.5 N·m	M8	16 N·m
M10	32 N·m	M12	55 N·m
M16	135 N·m	M20	200N·m

（2）特殊紧固力矩（见表 1-3-2）。

表 1-3-2 特殊紧固力矩

螺纹	紧固力矩	应用
M16	80 N·m	下臂安装
M16	80 N·m	拉杆安装

三、实训要求

1. 检查紧固件是否松动

如松动，需准确记录几处及所在部位。

2. 检查防松标记涂打是否规范

如不规范，需准确记录所在部位，并按具体要求进行处理或在缺陷处粘贴自黏性标贴。

3. 安全注意事项

（1）未经教师或管理员允许不得擅自操作。

（2）在万用表使用过程中，注意万用表挡位的调节，同时避免用手触碰表笔的金属部分。

（3）须严格按照上电顺序进行上电。

4. 工器具材料准备。

（1）防护用品，包括防滑鞋、绝缘手套、工作服等。

（2）工具，包括手锤、油壶、套筒、万用表等。

（3）个人用品，包括笔、笔记本等。
（4）力矩施加作业完毕归还工具时，力矩扳手必须归零。

四、实训作业步骤

1. 实训操作流程（见图 1-3-4）

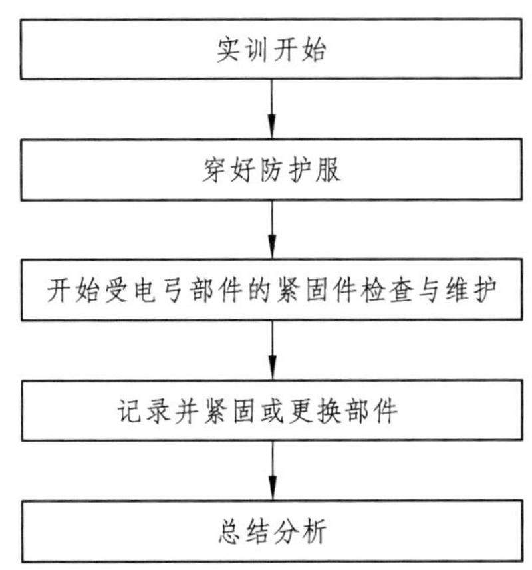

图 1-3-4　实训流程

2. 实训作业流程（见表 1-3-3）

表 1-3-3　实训作业流程

序号	实训内容	使用工具	作业结果记录
1	检查绝缘子螺栓	扳手、套筒、扭矩扳手、油漆笔、酒精、无纺布	
2	检查拉杆螺栓	扳手、套筒、扭矩扳手、油漆笔、酒精、无纺布	
3	检查下臂杆螺栓	扳手、套筒、扭矩扳手、油漆笔、酒精、无纺布	
4	检查避雷器螺栓	扳手、套筒、扭矩扳手、油漆笔、酒精、无纺布	
5	检查阻尼器螺栓	扳手、套筒、扭矩扳手、油漆笔、酒精、无纺布	
6	检查钢丝绳紧固螺栓	扳手、套筒、扭矩扳手、油漆笔、酒精、无纺布	
7	钢丝绳安装座螺栓	扳手、套筒、扭矩扳手、油漆笔、酒精、无纺布	
8	检查气囊螺栓	扳手、套筒、扭矩扳手、油漆笔、酒精、无纺布	
9	检查导流线螺栓	扳手、套筒、扭矩扳手、油漆笔、酒精、无纺布	
10	检查平衡杆螺栓	扳手、套筒、扭矩扳手、油漆笔、酒精、无纺布	
11	检查上框架螺栓	扳手、套筒、扭矩扳手、油漆笔、酒精、无纺布	
12	检查弓头螺栓	扳手、套筒、扭矩扳手、油漆笔、酒精、无纺布	
13	检查碳滑板螺栓	扳手、套筒、扭矩扳手、油漆笔、酒精、无纺布	

五、实训考核标准（见表1-3-4）

表 1-3-4　实训考核标准

项目	标准	配分	得分
整体实训过程考核	能够叙述出全自动车钩的整体实训过程	10	
检查绝缘子螺栓考核	正确记录绝缘子螺栓状态，如有松动重新紧固	10	
检查拉杆螺栓考核	正确记录拉杆螺栓状态，如有松动重新紧固	10	
检查下臂杆螺栓考核	正确记录下臂杆螺栓状态，如有松动重新紧固	10	
检查避雷器螺栓考核	正确记录避雷器螺栓状态，如有松动重新紧固	6	
检查阻尼器螺栓考核	正确记录阻尼器螺栓状态，如有松动重新紧固	6	
检查钢丝绳紧固螺栓考核	正确记录钢丝绳紧固螺栓状态，如有松动重新紧固	6	
检查钢丝绳安装座螺栓考核	正确记录钢丝安装座螺栓状态，如有松动重新紧固	6	
检查气囊螺栓考核	正确记录气囊螺栓状态，如有松动重新紧固	6	
检查导流线螺栓考核	正确记录真实导流线螺栓状态，如有松动重新紧固	6	
检查平衡杆螺栓考核	正确记录真实平衡杆螺栓状态，如有松动重新紧固	6	
检查上框架考核	正确记录真实上框架状态，如有松动重新紧固	6	
检查弓头螺栓考核	正确记录弓头螺栓状态，如有松动重新紧固	6	
检查碳滑板螺栓考核	正确记录碳滑板螺栓状态，如有松动重新紧固	6	

六、思考题

（1）电线接头进行涂打时，标记能否涂打到导线绝缘层上?

（2） 带有螺母的紧固结构在进行防松标记涂打时的标准是什么?

任务四　受电弓碳滑板检查、测量与更换

一、实训目的

（1）通过实训，学生可以熟悉受电弓碳滑板的基本构造。

（2）通过实训，让学生掌握碳滑板的检查、测量和更换操作。

二、理论链接

碳滑板是受电弓的重要零部件，安装于电力列车（包括动车组、城轨、电力机车等）的受电弓上，是通过与接触网形成摩擦，完成滑动导电的集电传导元件。滑板从接触网导线上获得电流，为机车、动车组提供动力电。它是一种摩擦材料，强度高，不易损坏，摩擦系数小，本身磨耗小，滑动效果好；同时，它又要求导电性好，不易使与之匹配的网线产生过度磨耗。受电弓碳滑板在与接触网接触的过程中会产生损耗，当碳滑板损耗到极限时，只需要在日常机车保养中进行更换就可以了。

三、实训要求

1. 检查受电弓碳滑板外观是否良好，有无划痕
2. 检查碳滑板碳层和铝托板之间有无间隙
3. 安全注意事项

（1）未经教师或管理员允许不得擅自操作。

（2）在万用表使用过程中，注意万用表挡位的调节，同时避免用手触碰表笔的金属部分。

（3）须严格按照上电顺序进行上电。

4. 工器具材料准备

（1）防护用品，包括防滑鞋、绝缘手套、工作服等。

（2）工具，包括手锤、油壶、套筒、万用表、酒精、无纺布 、钢直尺、13#开口扳手、14#开口扳手、棘轮扳手、扭矩扳手、碳滑板、油漆笔、塞尺等。

（3）个人用品，包括笔、笔记本等。

（4）力矩施加作业完毕，归还工具时力矩扳手必须归零。

四、实训作业步骤

1. 实训操作流程（见图 1-4-1）

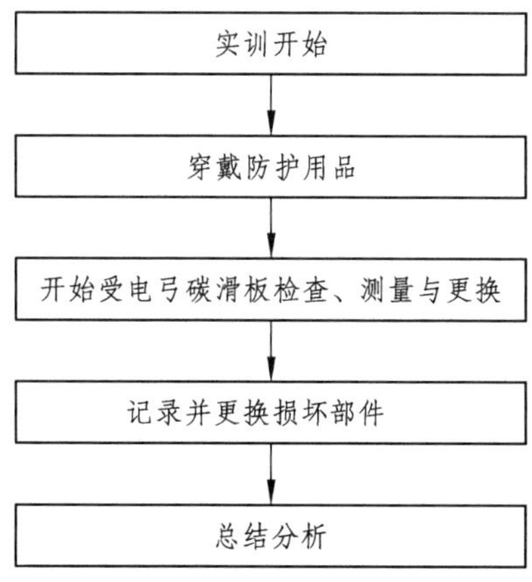

图 1-4-1　实训操作流程

2. 实训作业流程（见表 1-4-1）

表 1-4-1　实训作业流程

工序	实训内容	使用工具	安全注意事项	作业结果记录
1	检查碳滑板外观： （1）外观良好，无磕碰划伤、裂纹或缺失，表面无污渍。如有污迹或异物，需要清理干净。 （2）碳滑板碳层和铝托板之间无间隙。 （3）用手摇动碳滑板，碳条应与铝托板连接牢靠。 （4）弓头组件与上框架顶管之间的连接无松动	酒精、无纺布	操作时带好手套，防止磨伤	
2	测量碳滑板厚度： （1）分别测量两条碳滑板中间及两侧的厚度（工作区），计算平均值，然后分别记录平均值。（注：测量记录值精确到 0.5 mm，平均数值精确到小数点后 1 位，碳滑板厚度以实际设备测量值为准。） 碳滑板厚度：滑板接触面距铝托架上平面的垂直距离	钢直尺、酒精、无纺布	操作时带好手套，防止磨伤	
3	更换受电弓碳滑板： （1）使用 13 号扳手，拆除碳滑板紧固螺栓。 （2）使用 13 号扳手，拆除导流线螺栓。 （3）换下的螺母、垫圈要放入废料区。 （4）更换的碳滑板放入物料待处理区。 （5）更换碳滑板。 （6）装入垫圈和螺母。 （7）预装相关连接螺母。 （8）按规定扭矩紧固螺母。 （9）涂打防松标记。 （10）碳滑板更换之后需要再次测量碳滑板和弓角之间的间隙	13 号开口扳手、14 开口扳手、棘轮扳手、扭矩扳手、碳滑板、油漆笔、塞尺	操作时带好手套，防止磨伤	

五、实训考核标准（见表1-4-2）

表 1-4-2　实训考核标准

项目	标准	配分	得分
整体实训过程考核	能够叙述出碳滑板更换的整体实训过程	25	
碳滑板的外观检查考核	正确记录碳滑板的外观状态，并进行正确处理	25	
测量碳滑板厚度考核	正确测量碳滑板厚度并记录	25	
更换碳滑板考核	正确更换碳滑板	25	

六、思考题

碳滑板更换后是否需要重新在螺丝上打上防松标志？

任务五　受电弓导流线检查、测量与更换

一、实训目的

（1）通过实训，学生可以熟悉受电弓导流线的基本构造，判断导流线是否正常。
（2）通过实训，让学生掌握导流线的检查、测量和更换操作。

二、理论链接

受电弓导流线的作用是传输电流，在受电弓上的导流线要求不能与其他部件接触，断股不能超过十分之一。流过受电弓的电流，绕过滚动轴承和弓头悬挂装置的绝缘弹簧元件，通过高性能的导流线进行短接。导流线由高性能铜线组成，两端配有压型的接头。共有四条导流线短接下臂杆的轴承，两条导流线短接弓头。接头材料为不锈钢、铜或铝，所有的螺栓都带有垫片，采用锁紧螺母连接。在铝和铜表面之间采用专门的垫片以避免出现电腐蚀。

三、实训要求

1. 实训时间

教学课时为 1 课时。

2. 实训形式

学生每 5 人组成 1 个工作小组，各小组根据实训课程任务定制实训实施方案，每个小组选出 1 名组长，组长协助老师指导本组学生进行实训。

3. 安全注意事项

（1）未经教师或管理员允许不得擅自操作。

（2）在万用表使用过程中，注意万用表挡位的调节，同时避免用手触碰表笔的金属部分。

（3）须严格按照上电顺序进行上电。

4. 工器具材料准备

（1）防护用品，包括防滑鞋、绝缘手套、工作服等。

（2）工具，包括手锤、油壶、套筒、万用表、酒精、无纺布、钢直尺、13 号开口扳手、14 号开口扳手、棘轮扳手、扭矩扳手、碳滑板、油漆笔、塞尺等。

（3）个人用品，包括笔、笔记本等。

（4）力矩施加作业完毕，归还工具时力矩扳手必须归零。

（5）检查受电弓所有导流线，要求不能被拉紧或者与其他部件接触，不能出现松股，断股不能超过十分之一，否则记录相应位置并进行更换。

四、实训作业步骤

1. 实训操作流程（见图 1-5-1）

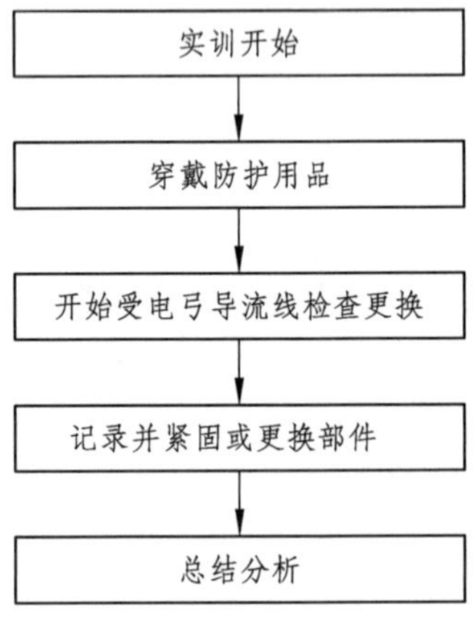

图 1-5-1　实训操作流程

2. 实训作业流程（见表 1-5-1）

表 1-5-1　实训作业流程

工序	实训内容	使用工具	安全注意事项	作业结果记录
1	检查受电弓导流线： 检查受电弓导流线外观是否良好，有无磕碰划伤、裂纹，是否松股、断股	笔、笔记本	操作时带好手套，防止磨伤	
2	更换受电弓导流线： （1）使用 13 号扳手和 13 号套筒，拆除导流线紧固螺栓。 （2）换下的螺母、垫圈要放入废料区。 （3）更换导流线。 （4）更换的导流线放入物料待处理区。 （5）装入垫圈和螺母。 （6）按规定扭矩紧固螺母。 （7）涂打防松标记	导流线，13、18、19 号套筒扳手，扭力扳手，油漆笔	操作时带好手套，防止磨伤	

五、实训考核标准（见表1-5-2）

表 1-5-2 实训考核标准

项目	标准	配分	得分
整体实训过程考核	能够叙述出碳滑板更换的整体实训过程	30	
受电弓导流线的外观检查考核	正确记录导流线的外观状态和松股状态，并进行正确处理	35	
导流线的更换作业考核	正确更换导流线并记录	35	

六、思考题

（1）导流线为什么不能与其他部件接触？

（2）有断股的导流线是否可以继续使用？

任务六　受电弓绝缘子、避雷器清洗

一、实训目的

（1）通过实训，学生可以熟悉受电弓绝缘子和避雷器的基本构造。

（2）通过实训，让学生掌握常规避雷器和绝缘子的清洗操作。

二、理论链接

避雷器是连接在导线和地之间的一种防止雷击的设备，通常与被保护设备并联。避雷器可以有效的保护电力设备，一旦出现不正常电压，避雷器产生作用，起到保护作用。当被保护设备在正常工作电压下运行时，避雷器不会产生作用，对地面来说视为断路。一旦出现高电压，且危及被保护设备绝缘时，避雷器立即动作，将高电压冲击电流导向大地，从而限制电压幅值，保护电气设备。当过电压消失后，避雷器迅速恢复原状，使系统能够正常供电。避雷器的主要作用是通过并联放电间隙或非线性电阻的作用，对入侵流动波进行削幅，降低被保护设备所受过电压值，从而达到保护电力设备的作用。避雷器不仅可用来防护大气高电压，也可用来防护操作高电压。

三、实训要求

1. 实训时间

教学课时为 1 课时。

2. 实训形式

学生每 5 人组成 1 个工作小组，各小组根据实训课程任务定制实训实施方案，每个小组有 1 名组长，组长协助老师指导本组学生进行实训。

3. 实训注意事项

（1）未经教师或管理员允许不得擅自操作。

（2）进行整体认知前需要切断电源。

（3）在接触受电弓时，要做好个人防护，接触棱角时要注意避免受伤。

4. 检查受电弓所有绝缘子和避雷器

检查是否有污渍，如有污渍进行清洗。

5. 所用工具或耗材

无纺布、水、清洁精。

四、实训作业步骤

1. 实训操作流程（见图 1-6-1）

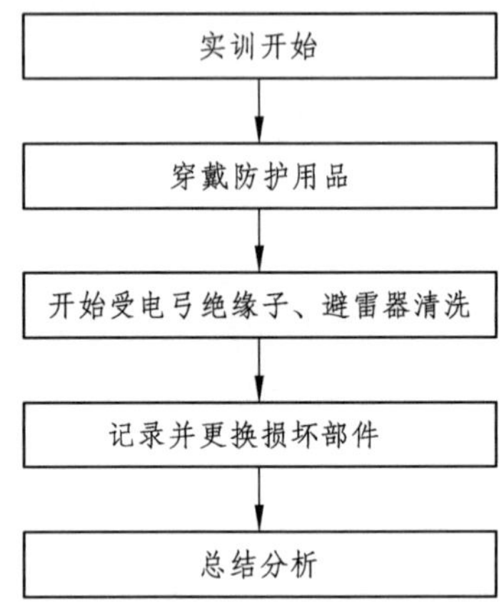

图 1-6-1　实训操作流程

2. 实训作业流程（见表 1-6-1）

表 1-6-1　实训作业流程

工序	实训内容	工作内容及质量标准	使用工具	安全注意事项	作业结果记录
受电弓绝缘子和避雷器清洗	清洗绝缘子	（1）用无纺布擦拭绝缘子外表面。 （2）用洗洁精清洁绝缘子外表面的异物并且擦干。 （3）用水冲洗洗洁精残留污渍。 （4）用干净的无纺布将绝缘子外表面擦拭干净。清洁完毕后绝缘子应干透并发亮	无纺布、水、洗洁精	进行清洗时，注意安全，防腐蚀	
	清洗避雷器	（1）用无纺布擦拭避雷器外表面。 （2）用洗洁精清洁避雷器外表面的异物并擦干。 （3）用水冲洗洗洁精残留污渍。 （4）用干净的无纺布将避雷器外表面擦拭干净	无纺布、水、洗洁精	进行清洗时，注意安全，防腐蚀	

五、实训考核标准（见表1-6-2）

表 1-6-2　实训考核标准

项目	标准	配分	得分
整体实训过程考核	能够叙述出碳滑板更换的整体实训过程	30	
受电弓绝缘子的外观检查和清洗作业考核	正确并如实记录绝缘子的外观状态，如有污渍进行清洗	35	
避雷器的外观检查和清洗作业考核	正确记录避雷器外观状态并记录，如果有污渍进行清洗	35	

六、思考题

（1）受电弓绝缘子的功能是什么？

（2）为什么要定期清洗避雷器和绝缘子？

任务七　受电弓转动部件检查与润滑

一、实训目的

（1）通过实训，学生可以熟悉受电弓转动部件的结构和工作原理。

（2）通过实训，让学生掌握受电弓转动部件的润滑操作。

二、理论链接

转动部件润滑剂除了液体润滑剂还有固体润滑剂，受电弓滑板用固体润滑材料是一种具有导电性能的固体润滑材料，适用于电力机车粉末冶金集电材料的润滑。其特征在于用石蜡、低分子聚乙烯、乙烯－醋酸乙烯树脂作黏结剂，熔融加入石墨金属粉末微粒，用浇注成型的方法制成。润滑剂的选择标准是不能有腐蚀性，导致受电弓部件腐蚀生锈。

三、实训要求

1. 实训时间

教学课时为 1 课时。

2. 实训形式

学生每 5 人组成 1 个工作小组，各小组根据实训课程任务定制实训实施方案，每个小组有 1 名组长，组长协助老师指导本组学生进行实训。

3. 实训注意事项

（1）未经教师或管理员允许不得擅自操作。

（2）进行整体认知前需要切断电源。

（3）在接触受电弓时，要做好个人防护，接触棱角时要注意避免受伤。

4. 所需工具与耗材

MOLYKOTE G-N PLUS 润滑脂、无纺布、毛刷、注油器。

四、实训作业步骤

1. 实训操作流程（见图 1-7-1）

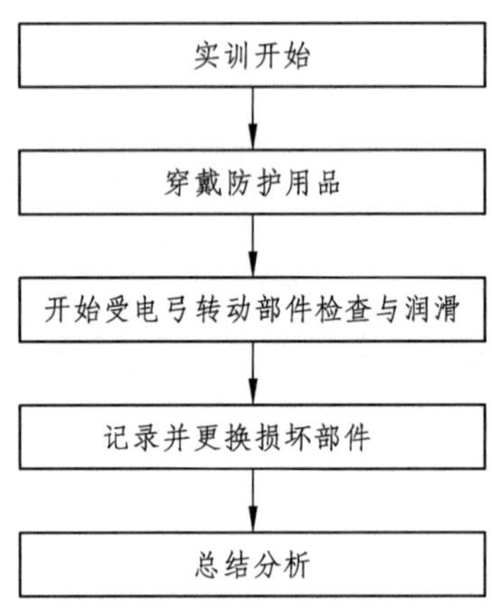

图 1-7-1　实训操作流程

2. 实训作业流程（见表 1-7-1）

表 1-7-1　实训作业流程

工序	工作内容及质量标准	使用工具	安全注意事项	作业结果记录
1	受电弓转动部件检查与清洗： 清洁下臂杆、上框架、弓头弹簧等受电弓所有转动部件表面积尘。转动正常，轴承无卡滞现象	MOLYKOTE G-N PLUS 润滑脂、无纺布、毛刷、注油器	检查时戴好手套，防止割伤	
2	受电弓转动部件润滑： （1）对升弓钢丝绳进行润滑。 （2）用注油器对弓头弹簧箱进行润滑。 （3）对关节轴承（拉杆两端）进行润滑。 （4）对关节轴承（平衡杆末端）进行润滑，在轴承内圈涂抹制动缸 89D 油脂			

五、实训考核标准（见表1-7-2）

表 1-7-2　实训考核标准

项目	标准	配分	得分
整体实训过程考核	能够叙述出碳滑板更换的整体实训过程	30	
受电弓转动部件外观检查和清洗作业考核	正确并如实记录转动部件的外观状态	35	
受电弓转动部件润滑作业考核	使用润滑剂对转动部件进行润滑	35	

六、思考题

（1）受电弓转动部件润滑的目的是什么？
（2）常用的转动部件润滑剂有哪些？

任务八　受电弓气阀箱认知

一、实训目的

（1）通过实训，学生可以熟悉受电弓转动气阀箱的主要功能。
（2）通过实训，使学生可以对气阀箱进行认知和检修。

二、理论链接

现有受电弓气阀箱一般为过滤阀、升弓节流阀、精密调压阀、降弓节流阀和安全阀等元件集成，可给受电弓供气，控制受电弓的升降和接触压力的调节，其结构如图1-8-1所示。在城轨车辆正常运行时，是可以满足其功能需求的。但在非正常工况下，例如城轨车辆较长时间在同一位置停留，且受电弓供风前端出现小的泄漏，造成受电弓在持续低气压供风。此时，受电弓仍保持升弓状态（由于泄漏量较小不至于使受电弓降弓），受电弓的碳滑板与网线接触压力下降，形成脱网拉弧现象。长时间虚接导致的拉弧有可能熔断网线，造成较大安全事故，同时也会对城轨车辆的用电设备造成危害。所以需要车辆维护人员定期进行检查气阀箱气密性和硬件开关是否良好，以保证行车安全。

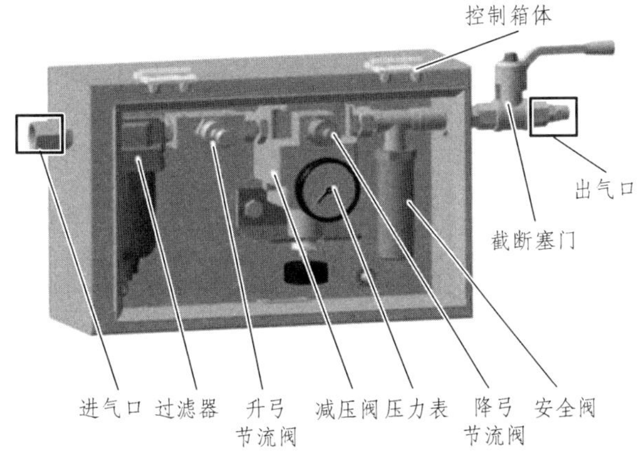

图1-8-1　受电弓气阀箱结构

三、实训要求

1. 实训时间

教学课时为1课时。

2. 实训形式

学生每5人组成1个工作小组，各小组根据实训课程任务定制实训实施方案，每个小组选出 1 名组长，组长协助老师指导本组学生进行实训。

3. 实训注意事项

（1）未经教师或管理员允许不得擅自操作。

（2）进行整体认知前需要切断电源，关闭相关阀门。

（3）在接触受电弓时，要做好个人防护，接触棱角时要注意避免受伤。

4. 工器具材料准备

（1）防护用品，包括防滑鞋、绝缘手套、工作服等。

（2）工具，包括手锤、油壶、套筒、万用表、酒精、无纺布、钢直尺、13 号开口扳手、14 号开口扳手、棘轮扳手、扭矩扳手、碳滑板、油漆笔、塞尺等。

（3）个人用品，包括笔、笔记本等。

（4）力矩施加作业完毕，归还工具时力矩扳手必须归零。

四、实训作业步骤

1. 实训操作流程（见图 1-8-2）

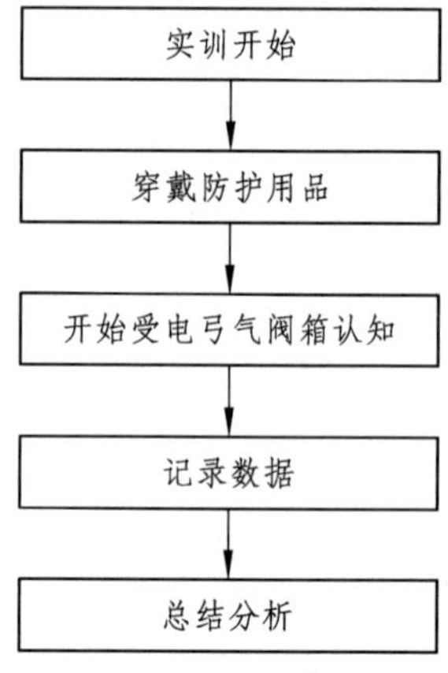

图 1-8-2　实训操作流程

2. 实训作业流程（见表 1-8-1）

表 1-8-1　实训作业流程表

工序	实训内容	使用工具	安全注意事项	作业结果记录
1	认知截断塞门功能：用来截断气缸与受电弓的气流	笔、笔记本	戴好手套防止夹伤	
2	认知降弓节流阀功能：调节降弓时间	笔、笔记本	戴好手套防止夹伤	
3	认知升弓节流阀功能：调节升弓时间	笔、笔记本	戴好手套防止夹伤	
4	认知减压阀功能：调节受电弓的静态接触压力	笔、笔记本	戴好手套防止夹伤	

五、实训考核标准（见表1-8-2）

表 1-8-2　实训考核标准

项目	标准	配分	得分
整体实训过程考核	能够叙述气阀箱认知的整体实训过程	30	
气阀箱的认知	能够正确的说出气阀箱的相关部件及其作用	35	
气阀箱的相关操作	能够通过调节升弓和降弓节流阀对受电弓的升降时间进行调节	35	

六、思考题

（1）气阀箱的作用是什么？

（2）气阀箱过滤器的作用是什么？

任务九　受电弓控制气路与空气管路外观检查

一、实训目的

（1）通过实训，学生可以学习认知受电弓的气路原理。

（2）通过实训，使学生可以对管路的外观有一个具体的认识。

二、理论链接

（1）根据管路接头尺寸选择合适的扳手工具进行拆装。

（2）管路接头安装时，必要时缠绕生胶带，保障连接气密性。

（3）管路敷设时，注意余量，同时与其余部件之间不能存在干涉情况。

（4）管路维修后，需重新进行保压试验，确保管路气密性良好。

（5）空气管路原理如图 1-9-1 所示。

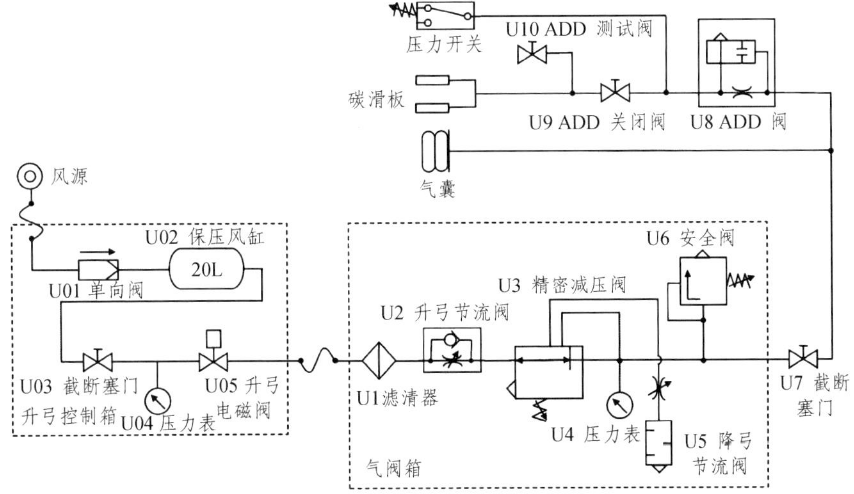

图 1-9-1　空气管路原理

三、实训要求

1. 实训时间

教学课时为 1 课时。

2. 实训形式

学生每 5 人组成 1 个工作小组，各小组根据实训课程任务定制实训实施方案，每个小组选出 1 名组长，组长协助老师指导本组学生进行实训。

3. 实训注意事项

（1）未经教师或管理员允许不得擅自操作。
（2）进行整体认知前需要切断电源，关闭相关阀门。
（3）在接触受电弓时，要做好个人防护，接触棱角时要注意避免受伤。

4. 工器具材料准备

（1）防护用品，包括防滑鞋、绝缘手套、工作服等。
（2）工具，包括手锤、油壶、套筒、万用表、酒精、无纺布、钢直尺、13 号开口扳手、14 号开口扳手、棘轮扳手、扭矩扳手、碳滑板、油漆笔、塞尺等。
（3）个人用品，包括笔、笔记本等。
（4）力矩施加作业完毕，归还工具时力矩扳手必须归零。

四、实训作业步骤

1. 实训操作流程（见图 1-9-2）

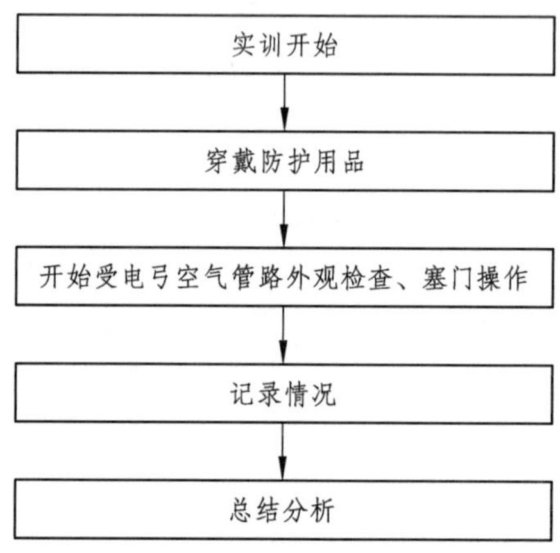

图 1-9-2　实训操作流程

2. 实训作业流程

空气管路外观检查。
检查以下部分是否正常、有无漏气：
① U03 截断塞门，如图 1-9-3 所示。

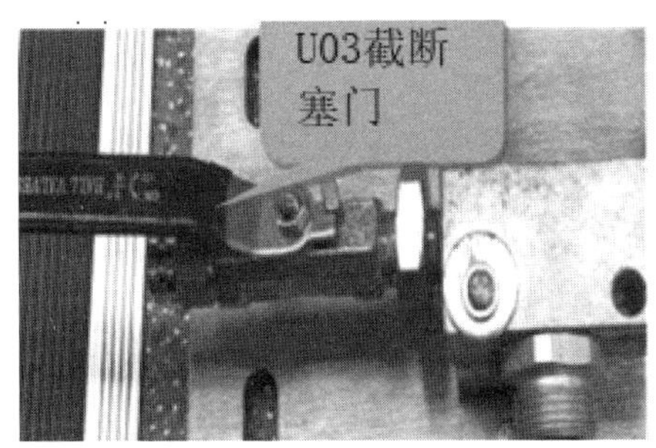

图 1-9-3　403 截断门

② U7 截断塞门，如图 1-9-4 所示。

图 1-9-4　U7 截断门

五、实训考核标准（见表1-9-1）

表 1-9-1　实训考核标准

项目	标准	配分	得分
整体实训过程考核	能够叙述气阀箱认知的整体实训过程	30	
气阀箱的认知	能够正确的说出气阀箱的相关部件及其作用	35	
气阀箱的相关操作	能够通过调节升弓和降弓节流阀对受电弓的升降时间进行调节	35	

六、思考题

（1）气阀箱的作用是什么？

（2）气阀箱过滤器的作用是什么？

任务十　受电弓空气管路气密性测试

一、实训目的

通过实训，学生可以学习检查受电弓空气管路气密性的方法和操作，进一步熟悉了解受电弓的工作原理。

二、理论链接

受电弓空气管路气密性测试是受电弓检查的一项重要内容，出乘前进行受电弓空气管路气密性检查可防止出现气路漏气导致列车运行期间出现事故。此外，要保证气路里的气压保持在一定范围内，才能使受电弓升降时间和静态接触压力的稳定。

三、实训要求

1. 实训时间

教学课时为 1 课时。

2. 实训形式

学生每 5 人组成 1 个工作小组，各小组根据实训课程任务定制实训实施方案，每个小组选出 1 名组长，组长协助老师指导本组学生进行实训。

3. 实训注意事项

（1）未经教师或管理员允许不得擅自操作。

（2）进行整体认知前需要切断电源，关闭相关阀门。

（3）在接触受电弓时，要做好个人防护，接触棱角时要注意避免受伤。

4. 工器具材料准备

（1）防护用品，包括防滑鞋、绝缘手套、工作服等。

（2）工具，包括手锤、油壶、套筒、万用表、酒精、无纺布、钢直尺、13 号开口扳手、14 号开口扳手、棘轮扳手、扭矩扳手、碳滑板、油漆笔、塞尺等。

（3）个人用品，包括笔、笔记本等。

（4）力矩施加作业完毕，归还工具时力矩扳手必须归零。

四、实训作业步骤

1. 实训操作流程（见图 1-10-1）

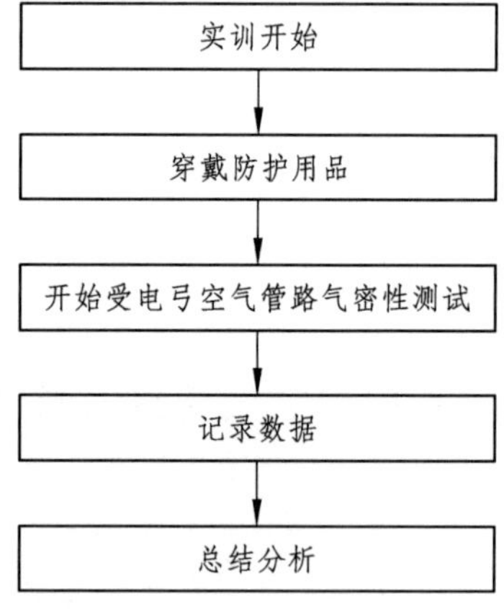

图 1-10-1　实训操作流程

2. 实训作业流程（见表 1-10-1）

表 1-10-1　实训作业流程

工序	实训内容	使用工具	安全注意事项	作业结果记录
1	保压测试。 （1）做好安全防护后，打开升弓控制箱 U03 截断塞门和受电弓 U7 截断塞门。 （2）确认 U04 压力表压力值大于 0.6 Mpa，升弓电磁阀强制导通开关至升弓位。 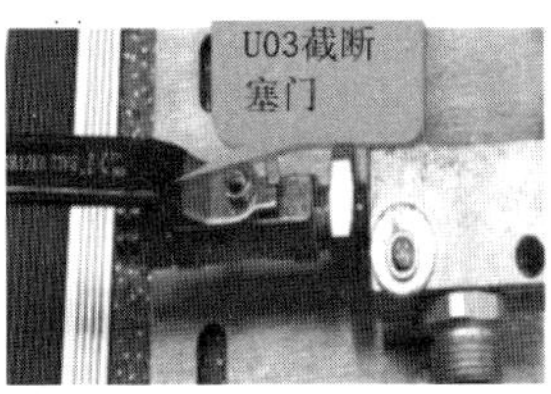  	秒表	在接触受电弓棱角时，要注意避免受伤	
2	测试标准。 （1）在气囊充满气，受电弓升弓动作瞬间，截断 U03 塞门，待压力表风压稳定后（10～20 s），记录当前风压值并开始计时。 （2）5 min 后风压泄露小于 0.03 MPa，即为合格，并记录下最终数值。若风压泄露过大，需要通过气密性测试查找问题点。 （3）升弓电磁阀强制导通开关至降弓位，降弓后复位 U03 塞门。 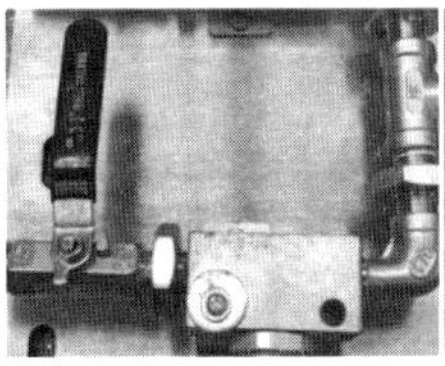 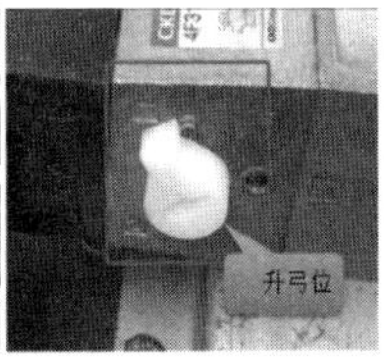 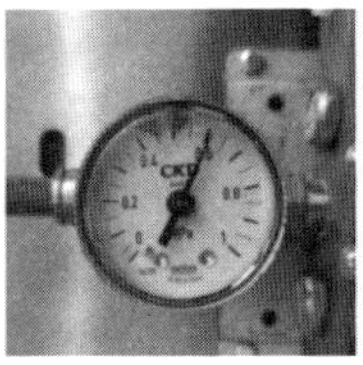 特别注意：作业过程中，务必做好安全防护措施，谨防受电弓突然升起或落下	—	在接触受电弓棱角时，要注意避免受伤	
3	气密性测试。 （1）给气囊充以额定的压缩空气（升弓电磁阀强制导通开关至升弓位，在受电弓动作前截断 U03 塞门）。 （2）在空气管路各接头及表面涂肥皂水/洗洁精，若有连续冒泡现象，则为漏气点，准确记录问题点并按规程进行修复	水、肥皂水/洗洁精、无纺布	在接触受电弓棱角时，要注意避免受伤	

五、实训考核标准（见表1-10-1）

表 1-10-1 实训考核标准

项目	标准	配分	得分
整体实训过程考核	能够叙述受电弓空气管路气密性测试的整体实训过程	30	
保压测考核	能够独立正确完成保压测试	35	
气密性测试	能够独立正确完成气密性测试	35	

任务十一 受电弓升、降弓时间调节

一、实训目的

（1）通过实训，让学生了解到升、降弓时间调节的原理。
（2）通过实训，让学生熟悉调节升降弓时间的操作。

二、理论链接

升弓：要求初始快、终了慢，即受电弓上升时，动作开始要快，但接触导线时要求缓慢，以减少对接触网导线的冲击；压缩空气经电空阀均匀进入传动气缸，气缸活塞压缩气缸内的降弓弹簧，此时升弓弹簧使下臂杆转动，抬起上框架和滑板，受电弓匀速上升，在接近接触线时有一缓慢停滞，然后迅速接触接触线。

降弓：降弓时，开始离开接触网导线要快，避免拉弧，而接近到最低位时要慢，以减少对车顶的冲击力。传动气缸内压缩空气经受电弓缓冲阀迅速排向大气，在降弓弹簧作用下，克服升弓弹簧的作用力，使受电弓迅速下降，脱离接触网。

三、实训要求

1. 实训时间

教学课时为 1 课时。

2. 实训形式

学生每 5 人组成 1 个工作小组，各小组根据实训课程任务定制实训实施方案，每个小组选出 1 名组长，组长协助老师指导本组学生进行实训。

3. 实训注意事项

（1）未经教师或管理员允许不得擅自操作。
（2）进行整体认知前需要切断电源，关闭相关阀门。
（3）在接触受电弓时，要做好个人防护，接触棱角时要注意避免受伤。

4. 工器具材料准备

（1）防护用品，包括防滑鞋、绝缘手套、工作服等。

（2）工具，包括手锤、油壶、套筒、万用表、酒精、无纺布、钢直尺、13 号开口扳手、14 号开口扳手、棘轮扳手、扭矩扳手、碳滑板、油漆笔、塞尺等。

（3）个人用品，包括笔、笔记本等。

（4）力矩施加作业完毕，归还工具时力矩扳手必须归零。

四、实训作业步骤

1. 实训操作流程（见图 1-11-1）

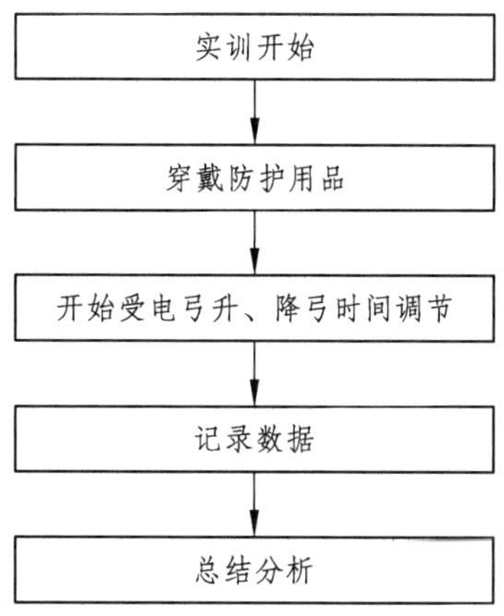

图 1-11-1　实训操作流程

2. 实训作业流程（见表 1-11-1）

表 1-11-1　实训作业流程

工序	实训内容	使用工具	安全注意事项	作业结果记录
1	调节升弓时间。 （1）做好安全防护后，打开升弓控制箱 U03 截断塞门和受电弓 U7 截断塞门。 （2）确认 U04 压力表压力值大于 0.6 MPa，升弓电磁阀强制导通开关至升弓位，升起受电弓。 注意：测试记录受电弓初始升弓时间，升弓时间从受电弓弓头动作开始用秒表计时，直到受电弓接触到接触网计时结束。 （3）如果时间不合格（风压为 0.6～0.7 MPa 时，合格时间为（7±1）s），调节气阀箱内升弓节流阀（缩短时间逆时针调节，增加时间顺时针调节），反复调节，直到时间合格为止，并记录最终数值	秒表、开口扳手	做好个人防护，防止受伤	

续表

工序	实训内容	使用工具	安全注意事项	作业结果记录
1	降弓位 升弓位	秒表、开口扳手	做好个人防护，防止受伤	
2	调节降弓时间。 （1）升弓电磁阀强制导通开关至降弓位，降下受电弓。 （2）测试记录受电弓初始降弓时间，降弓时间从受电弓弓头动作开始用秒表计时，直到到达降落位置，计时结束。 （3）如果时间不合格（合格时间为（6±1）s），调节气阀箱内降弓节流阀（缩短时间逆时针调节，增加时间顺时针调节），反复调节，直到时间合格为止，并记录最终数值	秒表、开口扳手	做好个人防护，防止受伤	

五、实训考核标准（见表1-11-2）

表 1-11-2　实训考核标准

项目	标准	配分	得分
整体实训过程考核	能够叙述调节受电弓升降时间的整体实训过程	30	
调节升弓时间作业考核	能够按照任务书步骤进行操作，使升弓时间达到标准值	35	
调节降弓时间作业考核	能够按照任务书步骤进行操作，使降弓时间达到标准值	35	

六、思考题

（1）调节升降弓时间的原理是什么？

（2）升降弓时间标准为多少？

任务十二　受电弓静态接触压力调节

一、实训目的

（1）通过实训，让学生了解如何调节受电弓静态接触压力以及相关操作。

（2）通过实训，让学生学习调节静态接触压力的原理。

二、理论链接

轨道交通车辆是从接触网获取电能来驱动牵引电机运行的，因此受电弓的性能好坏直接影响了电力运行的可靠性和效率。列车高速运行时，受电弓与接触网之间要维持合适的接触压力，当接触压力过小时，容易造成离线并产生拉弧，当接触压力过大时，接触线抬升量过大，使接触线局部弯曲并引起疲劳损伤，同时使接触线和滑板磨损消耗增大，严重时造成弓网事故。

三、实训要求

1. 实训时间

教学课时为 1 课时。

2. 实训形式

学生每 5 人组成 1 个工作小组，各小组根据实训课程任务定制实训实施方案，每个小组选出 1 名组长，组长协助老师指导本组学生进行实训。

3. 实训注意事项

（1）未经教师或管理员允许不得擅自操作。

（2）进行整体认知前需要切断电源，关闭相关阀门。

（3）在接触受电弓时，要做好个人防护，接触棱角时要注意避免受伤。

（4）在进行静态接触压力调节时注意个人防护，避免受电弓突升突降。

四、实训作业步骤

1. 实训操作流程（见图 1-12-1）

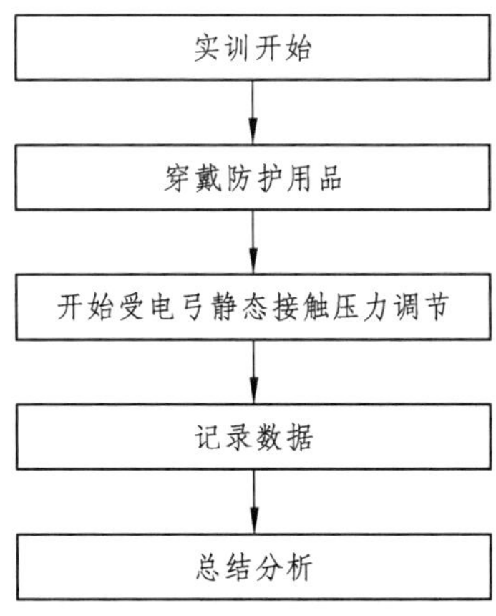

图 1-12-1 实训操作流程

2. 实训作业流程（见表 1-12-1）

表 1-12-1　实训作业流程

工序	实训内容	使用工具	安全注意事项	作业结果记录
1	调节受电弓静态接触压力。 （1）风压在（0.6～0.7）MPa 时，升弓电磁阀强制导通开关至升弓位，升起受电弓。 （2）将拉力计挂在弓头横杆中间位置。 （3）匀速向下垂直拉动拉力计，观察并记录两次拉力值。 	S 形辅助工具/辅助拉绳、拉力计	测试静态接触压力时，要匀速下拉，防止受电弓突降砸伤	
2	第一次：碳滑板刚脱离接触网时。 第二次：碳滑板拉至接触网立柱指定标识处。 两次拉力值都应在（120±10）N 范围内，否则进行调整。 调整方法： 调节气阀箱内精密减压阀（增加压力逆时针调节，减少压力顺时针调节）。重复上述步骤，直到拉力计数值都在（120±10）N 范围内，记录最终数值（注：测量值精确到小数点后两位）。 特别注意：作业过程中，务必做好安全防护措施，谨防受电弓突然落下！  	S 形辅助工具/辅助拉绳、拉力计	测试静态接触压力时，要匀速下拉，防止受电弓突降砸伤	

五、实训考核标准（见表1-12-2）

表 1-12-2　实训考核标准

项目	标准	配分	得分
整体实训过程考核	能够叙述调节静态接触压力作业的整体实训过程	30	
一次拉力测试	能够按照指导书正确操作，并进行调节，使受电弓静态接触压力达到标准值	35	
二次拉力测试	能够按照指导书正确操作，将受电弓拉到指定位置，并进行调节，使受电弓静态接触压力达到标准值	35	

六、思考题

（1）为什么要调节静态接触压力？

（2）调节静态接触压力的原理是什么？

任务十三　受电弓便携式检测仪安装与使用

一、实训目的

1. 通过实训，让学生了解受电弓便携式检测仪的工作原理。
2. 通过实训，让学生学习了解到受电弓便携式检测仪的安装与测试操作。

二、理论链接

电感式降弓位置指示器包括电感应器、绝缘支撑板、六角头螺栓、弹簧垫圈、感应板、管卡，如图 1-13-1 所示。

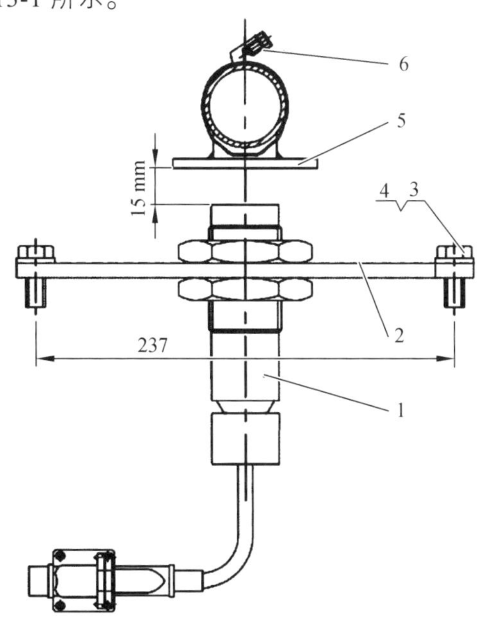

1—电感应器；2—绝缘支撑板；3—六角头螺栓；4—弹簧垫圈；5—感应板；6—管卡。

图 1-13-1　电感式降弓位置指示器

一般情况下为增强电感应器的感应及防锈能力，感应板采用不锈钢材料制成，并用管卡将其固定在受电弓上框架顶管上，受电弓升降弓时，感应板会随着上框架顶管一起上升或下降。

电感应器为降弓位置指示器的信号输出装置，为避免干扰，采用两个非金属螺母固定在绝缘支撑板上，电感应器自带的信号输出线与车辆控制系统的信号线相连接，实现信号传输给车辆控制系统的功能。

电感应器与绝缘支撑板连接好后通过六角头螺栓将其固定在受电弓底架上，由于受电弓底架带有 1 500 V 高压，故支撑板采用绝缘材料制造而成，主要起到绝缘及支撑电感器的作用。

受电弓降弓时，感应板下降到电感应器的感应范围内（≤15 mm）时，电感应器给出降弓信号；受电弓升弓时，感应板的位置超出电感应器的感应范围，就会给出受电弓升弓信号。

三、实训要求

1. 实训时间

教学课时为 1 课时。

2. 实训形式

学生每 5 人组成 1 个工作小组，各小组根据实训课程任务定制实训实施方案，每个小组选出 1 名组长，组长协助老师指导本组学生进行实训。

3. 实训注意事项

（1）未经教师或管理员允许不得擅自操作。

（2）进行整体认知前需要切断电源，关闭相关阀门。

（3）在接触受电弓时，要做好个人防护，接触棱角时要注意避免受伤。

（4）进行升降弓操作时应熟悉受电弓的升降原理，能正确使用节流阀，避免受电弓突升突降。

四、实训作业步骤

1. 整体实训流程（见图 1-13-2）

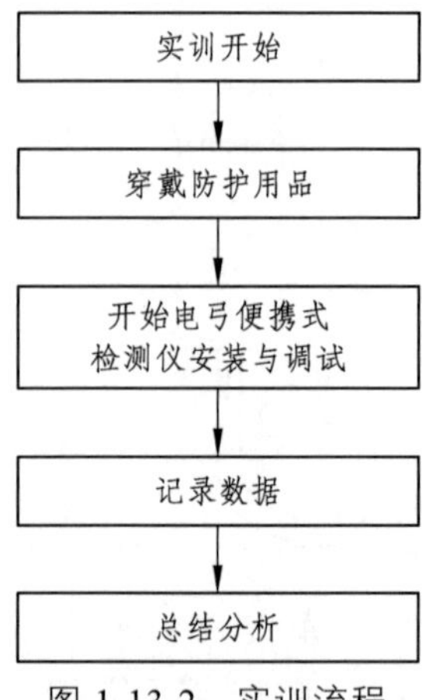

图 1-13-2　实训流程

2. 实训作业流程（见表 1-13-1）

表 1-13-1　实训作业流程

实训内容	使用工具	作业结果记录
调节降弓位置传感器距离。 （1）降弓位置传感器到弓头的距离，要求在 6～10 mm 范围内。 （2）若距离不在上述范围，用 36 号开口扳手调节降弓位置传感器与弓头的距离，直到满足要求。	楔形塞尺、钢板尺、36 号开口扳手	

五、实训考核标准（见表1-13-2）

表 1-13-2　实训考核标准

项目	标准	配分	得分
整体实训过程考核	能够叙述安装调试受电弓便携式检测仪的整体实训过程	30	
受电弓便携式检测仪整体认知考核	能够准确叙述出受电弓便携式检测仪的工作原理以及部件作用	35	
受电弓便携式检测仪调试作业考核	能够按照指导书正确操作调节受电弓便携式检测仪，满足任务书要求	35	

六、思考题

（1）受电弓便携式检测仪的实质是哪种类型的传感器？

（2）为什么要将受电弓便携式检测仪进行绝缘处理？

任务十四　受电弓功能测试

一、实训目的

（1）通过实训，让学生能够验证受电弓各个部分是否能够正常工作。

（2）通过实训，让学生学习了解受电弓正常升降弓的操作，了解操作台以及继电器柜各开关的作用。

二、理论链接

受电弓的主要功能是从额定电压 DC 1 500 V 接触网上获取电源，向整个列车电气系统供电，同时还可以通过列车的再生制动系统将列车的动能转换为电能回馈给接触网供给其他在线列车使用，起到双向传递枢纽的作用。受电弓在刚性接触网和柔性接触网的线路上均能适用，在整个车辆速度范围内，受电弓有良好的动力学性能，能够保证在各种轨道和速度下与接触网具有良好的接触状态和接触稳定性。它在气路上的特别设计保证了它降弓时有明显的迅速下降和平稳下降两个阶段。

三、实训要求

1. 实训时间

教学课时为 1 课时。

2. 实训形式

学生每 5 人组成 1 个工作小组，各小组根据实训课程任务定制实训实施方案，每个小组选出 1 名组长，组长协助老师指导本组学生进行实训。

3. 实训注意事项

（1）未经教师或管理员允许不得擅自操作。

（2）进行整体认知前需要切断电源，关闭相关阀门。

（3）在接触受电弓时，要做好个人防护，接触棱角时要注意避免受伤。

（4）在准备工作做完后向老师申请上电，做好个人防护，避免触电。

四、实训作业步骤

1. 整体实训流程（见图 1-14-1）

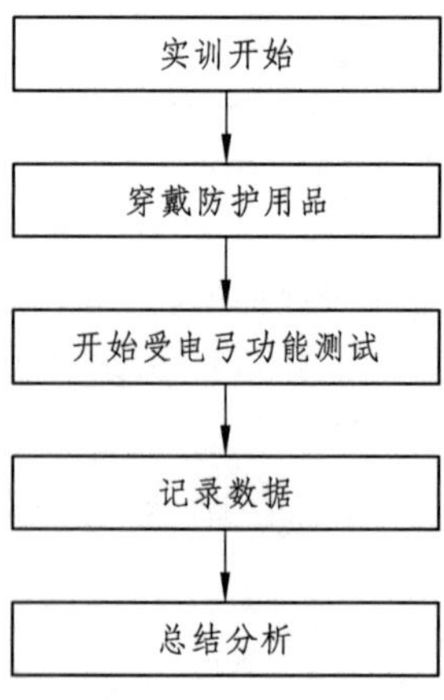

图 1-14-1　实训操作流程

2. 实训作业流程（见表 1-14-1）

表 1-14-1　实训作业流程

工序	实训内容		测试现象
1	测试前准备	（1）打开升弓控制箱 U03 截断塞门和受电弓 U7 截断塞门。 （2）闭合配电箱内电源断路器。 （3）确认受电弓控制电路各断路器处于闭合状态	—
2	A1 车激活、占有	将 A1 车“列车激活”旋钮 32-S01 打至“合”位，听到继电器动作后，旋钮打至“0”位。 闭合 A1 车“司机钥匙”24-A01	—
3	A1 车升、降 1 弓试验	将 A1 车“升弓选择”开关 22-S05 打至“升 1 弓”位。 按下 A1 车“升弓按钮”22-S02	B1 车受电弓正常升起。 A1 车“升弓到位指示灯”亮。 A1 车“降弓到位指示灯”灭
4		按下 A1 车“降弓按钮”22-S01	B1 车受电弓正常降下。 A1 车“升弓到位指示灯”灭。 A1 车“降弓到位指示灯”亮
5	A1 车升、降 2 弓试验	将 A1 车“升弓选择”开关 22-S05 打至“升 2 弓”位。 按下 A1 车“升弓按钮”22-S02	A2 车“升弓到位指示灯”亮。 A2 车“降弓到位指示灯”灭
		按下 A1 车“降弓按钮”22-S01	A2 车“升弓到位指示灯”灭。 A2 车“降弓到位指示灯”亮
6	A1 车升双弓试验	将 A1 车“升弓选择”开关 22-S05 打至“升双弓”位。 按下 A1 车“升弓按钮”22-S02	B1 车受电弓正常升起。 A1 车“升弓到位指示灯”亮。 A1 车“降弓到位指示灯”灭。 A2 车“升弓到位指示灯”亮。 A2 车“降弓到位指示灯”灭
7	A1 车紧急降弓试验	按下 A1 车“紧急按钮”26-S02	B1 车受电弓正常降下。 A1 车“升弓到位指示灯”灭。 A1 车“降弓到位指示灯”亮。 A2 车“升弓到位指示灯”灭。 A2 车“降弓到位指示灯”亮
8		按下 A1 车“升弓按钮”22-S02	B1 车受电弓不能升起。 A1、A2 车指示灯无变化
9		弹起 A1 车“紧急按钮”26-S02。 同时按下 A1 车“降弓按钮”22-S01 和“升弓按钮”22-S02	B1 车受电弓不能升起。 A1、A2 车指示灯无变化

续表

工序	实训内容		测试现象
10	A2 车激活、占有	将 A1 车“列车激活”旋钮 32-S01 打至“分”位，听到继电器动作后，旋钮打至“0”位。 断开 A1 车“司机钥匙”24-A01。 将 A2 车“列车激活”旋钮 32-S01 打至“合”位，听到继电器动作后，旋钮打至“0”位。 闭合 A2 车“司机钥匙”24-A01	—
11	A2 车升、降 1 号试验	将 A2 车“升弓选择”开关 22-S05 打至“升 1 弓”位。 按下 A2 车“升弓按钮”22-S02	A2 车“升弓到位指示灯”亮。 A2 车“降弓到位指示灯”灭
12		按下 A2 车“降弓按钮”22-S01	A2 车“升弓到位指示灯”灭。 A2 车“降弓到位指示灯”亮
13	A2 车升、降 2 号试验	将 A2 车“升弓选择”开关 22-S05 打至“升 2 弓”位。 按下 A2 车“升弓按钮”22-S02	B1 车受电弓正常升起。 A1 车“升弓到位指示灯”亮。 A1 车“降弓到位指示灯”灭
14		按下 A2 车“降弓按钮”22-S01	B1 车受电弓正常降下。 A1 车“升弓到位指示灯”灭。 A1 车“降弓到位指示灯”亮
15	A2 车升双弓试验	将 A2 车“升弓选择”开关 22-S05 打至“升双弓”位。 按下 A2 车“升弓按钮”22-S02	B1 车受电弓正常升起。 A1 车“升弓到位指示灯”亮。 A1 车“降弓到位指示灯”灭。 A2 车“升弓到位指示灯”亮。 A2 车“降弓到位指示灯”灭
16	A2 车紧急降弓试验	按下 A2 车“紧急按钮”26-S02	B1 车受电弓正常降下。 A1 车“升弓到位指示灯”灭。 A1 车“降弓到位指示灯”亮。 A2 车“升弓到位指示灯”灭。 A2 车“降弓到位指示灯”亮
17		按下 A2 车“升弓按钮”22-S02	B1 车受电弓不能升起。 A1、A2 车指示灯无变化
18		弹起 A2 车“紧急按钮”26-S02。 同时按下 A2 车“降弓按钮”22-S01 和“升弓按钮”22-S02	B1 车受电弓不能升起。 A1、A2 车指示灯无变化
19	断开 A2 车激活、占有	将 A2 车“列车激活”旋钮 32-S01 打至“分”位，听到继电器动作后，旋钮打至“0”位。 断开 A2 车“司机钥匙”24-A01	—
20	测试结束复位	（1）关断升弓控制箱 U03 截断塞门和受电弓 U7 截断塞门。 （2）断开受电弓控制电路各断路器	—

五、实训考核标准（见表1-14-2）

表 1-14-2 实训考核标准

项目	标准	配分	得分
整体实训过程考核	能够大致叙述受电弓功能测试的实训过程；对老师提出的问题能够解答	30	
受电弓功能测试操作	能够按照实训指导书正确操作操作台和继电器柜，使受电弓现象正常	35	
受电弓功能测试记录	能够正确记录受电弓的现象，并判断是否正常	35	

六、思考题

为什么在进行受电弓功能测试时需要先关闭相关阀门和相关开关?

项目二　车下电源实训演练

任务一　充电机的静态检查

一、实训目的

（1）通过实训，学生可以学习 25G 型车的充电机结构。

（2）掌握 25G 型车充电机的静态检查步骤。

二、理论链接

（1）充电机主电路接触器动作逻辑、时序。

① DC 110 V 控制电给出，充电机执行自检，时间不超过 1 s，当电压检测电路 TV301 检测到 DC 600 V 电源电压≤500 V 时，放电接触器吸合，主接触器处于断开状态，预充电接触器处于断开状态。当电压检测电路 TV301 检测到 DC 600 V 电源电压≥500（1±2%）V 时，延时不超过 5 s 断开放电接触器，吸合主接触器，开始预充电（此时预充电接触器处于断开状态）。延时后，当检测到电压检测电路 TV301 与 TV302 的电压差小于 DC 50 V，吸合主接触器，然后断开预充电接触器，结束预充电状态。预充电时间不超过 8 s。充电机软启动运行，软启动时间不超过 5 s。自 DC 600 V 电源电压≥500（1±2%）V 到充电机正常输出不超过 14 s。

② 当电压检测电路 TV301 检测到电压低于 500 V 后，立即断开主接触器，断开预充电接触器，吸合放电接触器。

③ 在工作过程中，充电机如果出现任何输出不正常的现象时，应立即封锁脉冲停止输出，以免影响负载。如果出现不可恢复故障、充电机不能正常工作或可能引起充电机内部损坏时断开 DC 600 V 主接触器，断开预充电接触器，吸合放电接触器。

（2）充电机主电路原理如图 2-1-1 所示。

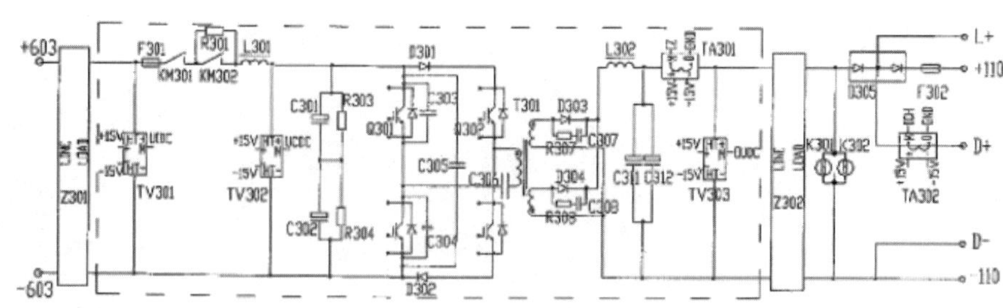

图 2-1-1　充电机主电路原理

（3）充电机装置为 DC 600 V 供电制式空调客车提供 DC 120 V 直流电源以及为蓄电池提供智能充电及欠压保护。单相逆变器用于为各包间插座及走廊插座提供电源。观察通过 485 通信接口上传的车下电源运行情况。充电器器件布局如图 2-1-2 所示。

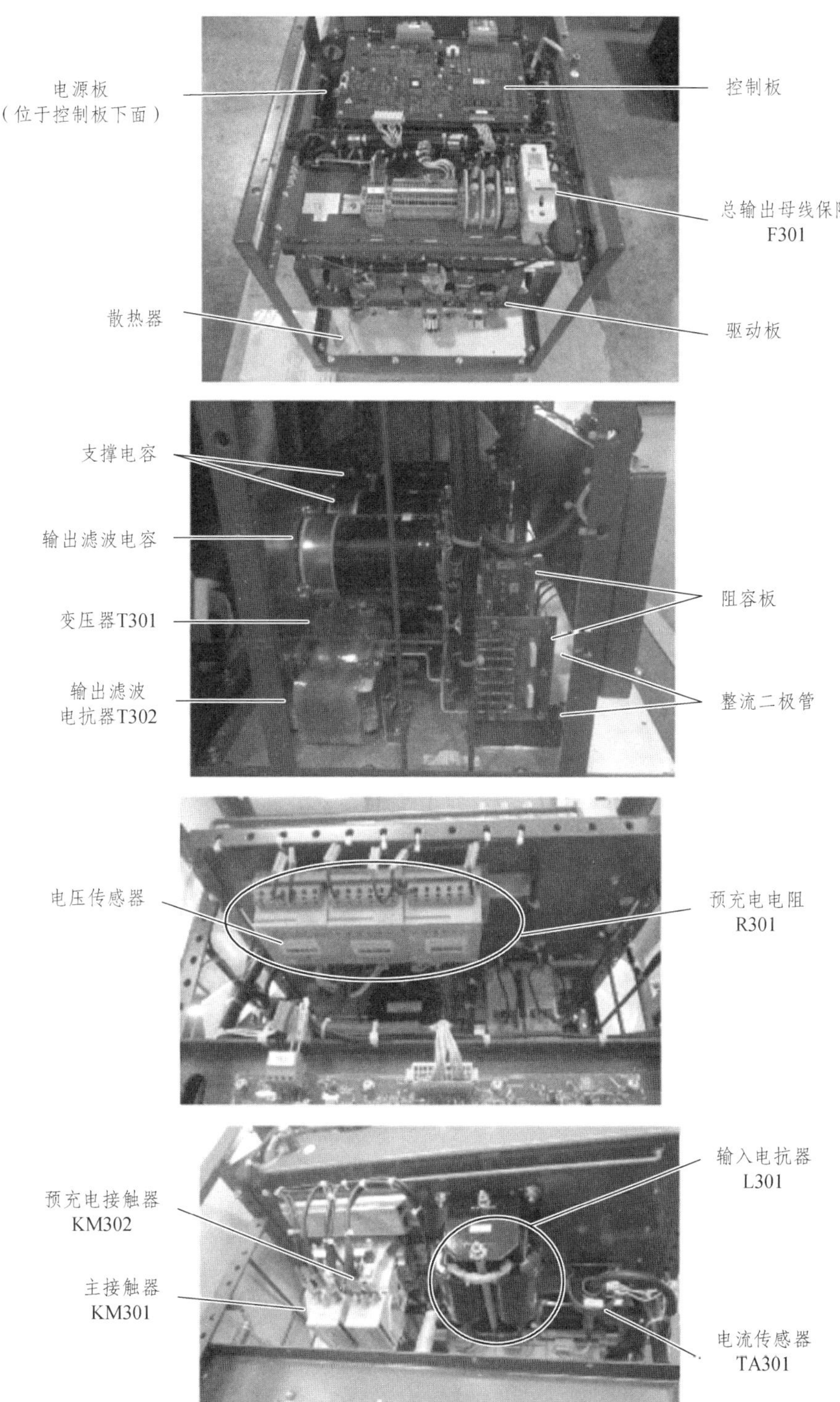

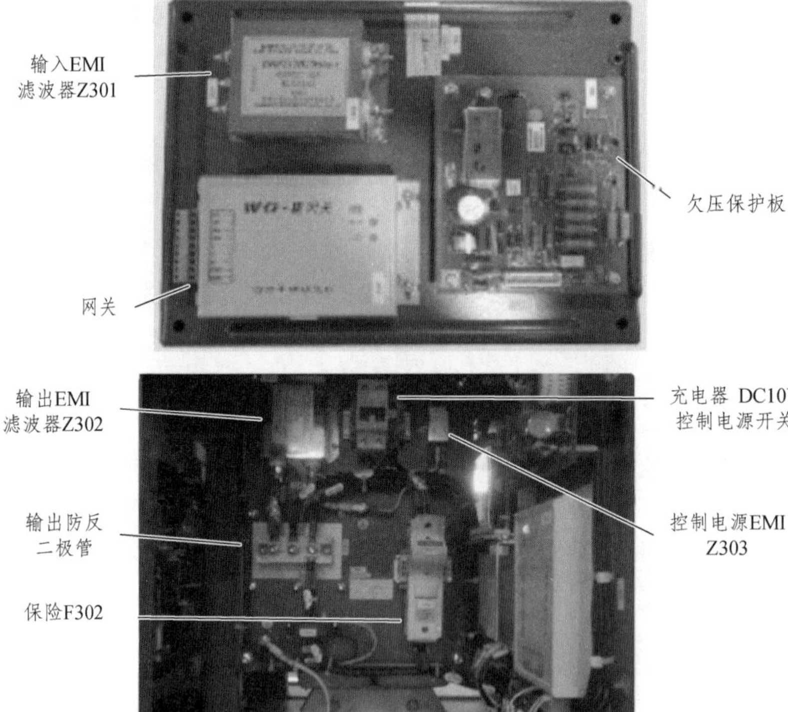

图 2-1-2 充电器器件布局

三、实训要求

1. 实训时间

教学课时为 2 个课时。

2. 实训形式

学生每 5 人组成 1 个工作小组，各小组制定实施方案及工作计划。每个小组选出 1 名组长，协助教师指导本组学生学习，检查实训作业进度和质量，制定改进措施，共同完成项目任务。

3. 安全注意事项

（1）未经教师或管理员允许不得擅自操作。

（2）断电 1 min 后方可与模块接触，以防触电。

（2）非专业人员禁止打开箱体进行维修。

（3）不要随意断掉控制电源，断开控制电源前请先断开 DC 600 V 电源。不要过快进行Ⅰ、Ⅱ路切换。

4. 工器具材料准备

（1）防护用品，包括防滑鞋、绝缘手套、工作服等。

（2）工具，包括扳手、螺丝刀、万用表、永久性标记笔等。

（3）个人用品，包括笔、笔记本等。

四、实训作业步骤

1. 实训操作流程（见图 2-1-3）

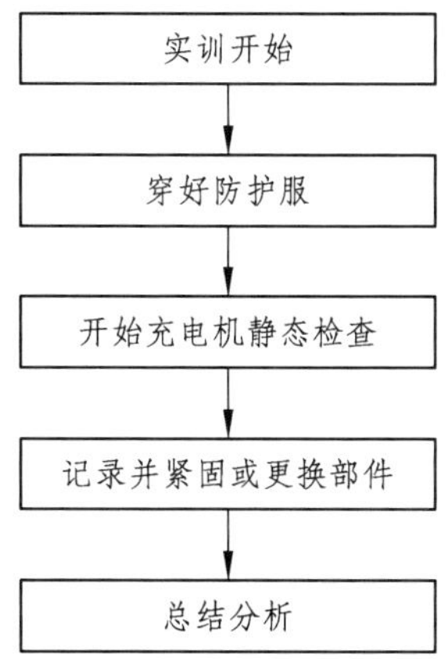

图 2-1-3　整体实训过程

2. 实训作业流程（见表 2-1-1）

表 2-1-1　实训作业流程

工序	实训内容	检查标准	使用工具	安全注意事项	作业结果记录
1	检查骨架	裂纹、变形、伤痕等情况已影响辅助电源的密封和使用时，需修复或更换	手套	避免人为损坏	
2	检查柜门	裂纹、变形、伤痕等情况已影响辅助电源的密封和使用时，需修复或更换	手套、扳手、螺丝刀	避免人为损坏	
3	检查控制线插头	（1）变形、伤痕、裂纹等情况已影响辅助电源的密封和使用时，需修复或更换。 （2）有松动情况需重新拧紧或更换	手套、扳手、螺丝刀	避免人为损坏	
4	检查布线	（1）布线，老化、破损，需更换老化严重及破损的导线。 （2）接线端子、密封套、连接器，变形、破损、脱扣、生锈，需更换	手套、扳手、螺丝刀	避免人为损坏	
5	检查紧固螺钉	松动、脱落，重新拧紧	手套、扳手、螺丝刀	避免人为损坏	
6	检查充电机、单相逆变器模块	（1）存在永久变形或弹性差时需更换。 （2）检查积灰情况并除尘；电容漏液或塌陷时更换电容或组件。 （3）元件有裂纹或放电痕迹时查明原因并更换相应元件	万用表	注意保护微小部件	

续表

工序	实训内容	检查标准	使用工具	安全注意事项	作业结果记录
7	检查电阻、滤波器、电流/电压传感器	（1）表面如积尘，需清扫干净，脱色或损坏，需更换。 （2）有松动的连接部分重新紧固，更换有裂纹或变形的部分。 （3）检查风扇转动情况，不正常则更换	手套、扳手、螺丝刀	注意保护微小部件	
8	检查接触器	（1）触头是否有连跳、卡死、粘连，出现任何异常必须更换。 （2）触头表面颜色发黑或磨损超过1.5 mm，更换接触器	手套、电压表	注意保护微小部件	
9	绝缘检测	高压端对地； 低压端对地； 高低压之间。 用 500 V 摇表测量	电压表		

五、实训考核标准（见表2-1-2）

表 2-1-2　实训考核标准

项目	标准	配分	得分
充电机结构考核	说出充电机部件超过五个	6	
检查骨架考核	观察骨架，若有问题能够正确处理	8	
检查柜门考核	观察柜门的三个要点，若有问题能够正确处理	9	
检查控制线插头考核	检查控制线插头，若有问题能够正确处理	9	
检查布线考核	检查布线，若有问题能够正确处理	12	
检查紧固螺钉考核	检查螺钉，若有问题能够正确处理	9	
检查充电机、单相逆变器模块考核	检查充电机、单相逆变器模块，若有故障能够正确处理	15	
检查电阻、滤波器、电流/电压传感器考核	检查电阻、滤波器、电流/电压传感器，若有故障能够正确处理	14	
检查接触器考核	检查接触器绝缘性检测，若有故障能够正确处理	12	
绝缘检测考核	能够按照要求正确进行绝缘检测	6	

六、思考题

静态检查步骤有哪些？

任务二　充电机的动态检查

一、实训目的

通过实训，学生可以掌握充电机的动态检查要点。

二、理论链接

动态检查是指通过相关检测设备，根据设计和相关技术标准对正常运行条件下的系统功能、动态性能和系统安全状态进行检测。

充电机开机、关机须遵循以下原则：开机时先通 DC 110 V 控制电源，再通 DC 600 V 电源；关机时先关 DC 600 V 电源，再关 DC 110 V 控制电源。充电器电流被分成两部分：负载电流（+110、L+）和充电电流（D+），当蓄电池电压低于 120 V（可调）时，充电电流被限制在 30 A，蓄电池电压慢慢升高，直至升至 120 V 开始恒定不变，然后充电电流慢慢减小。蓄电池充电电压设定值可以由微控制器根据蓄电池电解液的温度进行调节，温度补偿特性将根据蓄电池特性及用户要求进行调整。温度补偿曲线如图 2-2-1 所示。

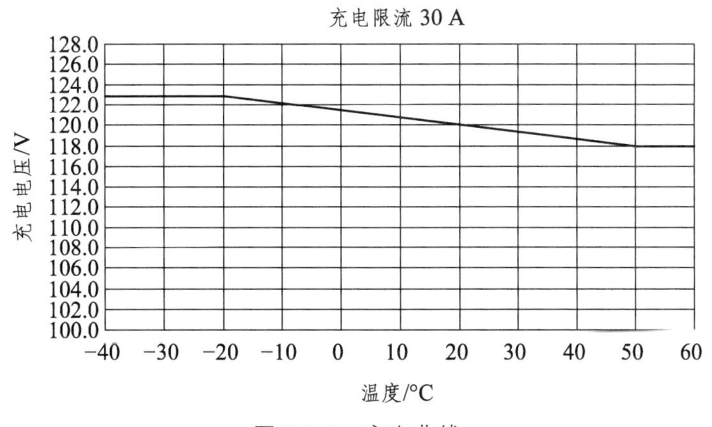

图 2-2-1　充电曲线

三、实训要求

1. 实训时间

教学时间为 2 个课时。

2. 实训形式

学生每 5 人组成 1 个工作小组，各小组制定实施方案及工作计划。每个小组选出 1 名组长，协助教师指导本组学生学习，检查实训作业进度和质量，制定改进措施，共同完成项目任务。

3. 安全注意事项

（1）未经教师或管理员允许不得擅自操作。

（2）断电 1 min 后方可与模块接触，以防触电。

（3）不要随意断掉控制电源，断开控制电源前请先断开 DC 600 V 电源。不要过快进行Ⅰ、Ⅱ路切换。

4. 工器具材料准备

（1）防护用品，包括防滑鞋、绝缘手套、工作服等。

（2）工具，包括电源、负载、万用表等。

（3）个人用品，包括笔、笔记本等。

四、实训作业步骤

1. 实训操作流程（见图 2-2-2）

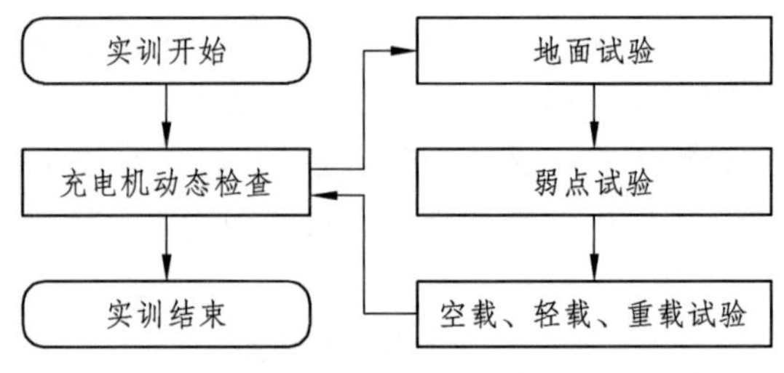

图 2-2-2　整体实训过程

2. 实训作业流程（见表 2-2-1）

表 2-2-1　实训作业流程

工序	实训内容	使用工具	安全注意事项	作业结果记录
1	电源螺栓检查： 切断 DC 600 V 和 DC 110 V 及蓄电池电源。 确保螺栓固定拧紧	绝缘手套、扳手	小心触电	
2	接线检查： 检查确保接线无误	绝缘手套	小心触电	
3	地面试验： 需配套提供稳定的不小于 10 kW 的 DC 600 V 电源和不小于 200W 的 DC 110 V 电源，以及相应的 DC 110 V 负载	电源、负载	小心触电	
4	弱电试验： 给充电机提供 DC110V 电源，充电机模块开始自检，稍后，VL0、VL2 和 VL5 点亮，模块内风机开始工作，表明充电机自检正常	电源、负载	小心触电、避免漏电	
5	空载试验： 系统接入 DC 600 V，充电机开始启动工作，待输出稳定后测量输出电压为（121 ± 1）V，如果模块在地面进行试验，没有接温度传感器 PT100，则空载输出电压为（120 ±1）V	电源、负载、万用表	小心触电、避免漏电	
6	轻载试验： 给充电机带上一定负载（1 kW），充电机应能正常工作，测量输出电压为（120 ±1）V。如果模块在地面进行试验，没有接温度传感器 PT100，则输出电压为（119±1）V	电源、负载、万用表	小心触电、避免漏电	

五、实训考核标准（见表1-2-2）

表 1-2-2　实训考核标准

项目	标准	配分	得分
电源螺栓检查	是否检查电源螺栓	10	
接线检查	是否检查接线	10	
地面试验	是否进行了地面试验	20	
弱电试验	是否进行了弱电试验	20	
空载试验	是否进行了空载试验	20	
轻载试验	是否进行了轻载试验	20	

六、思考题

充电机动态检查内容。

任务三　充电机的常见故障处理

一、实训目的

（1）通过实训，学生可以熟悉充电机的一些常见故障。
（2）通过实训，学生可以掌握充电机常见的故障处理方法。

二、理论链接

故障处理是通过设备养护，克服设备缺点，消除设备隐患，确保设备运用质量符合维护标准。

充电机正常工作模式：当+130、－111 有正常电压输入时，充电机准备工作，当+603、－603 有正常电压输入时，充电机工作，输出软启动至正常电压，如果正常，202 有输出，如果故障则 302 有输出。过无电区自动软启动充电机内部通过隔流二极管与蓄电池母线并联，可以按照 TA、TB 所接 PT100 传感器自动进行充电电压的温度补偿。欠压控制板（或欠压继电器）由 D+、－110 供电，欠压（90～92 V）时欠压继电器有源触点断开，311 无输出，正常（96～98 V）时欠压继电器有源触点闭合，311 有输出。

设备使用应严格按使用要求安全操作，必须遵守涉及安全的全部文件、人员安全措施和接地概念。当在箱体上作业时，必须先完成以下操作：

（1）给充电器和单相逆变器断电，确保充电器和单相逆变器不能被再次接通。
（2）确保电源不会被再次接通，使用警告标志来标识已切换到无电压位置。

（3）检验与电源的安全隔离。存储电容有剩余电压，如果触碰极度危险。因为模块中有大量电解电容，切断输入电压连接后危险的电压等级仍然存在。使用合适的电压仪器测得的电压值都不应该超过 36 V。如果未实现与电源的隔离，则必须等待，一直等到持续放电过程完成。

三、实训要求

1. 实训时间

教学课时为 4 个课时。

2. 实训形式

学生每 5 人组成 1 个工作小组，各小组制定实施方案及工作计划。每个小组选出 1 名组长，协助教师指导本组学生学习，检查实训作业进度和质量，制定改进措施，共同完成项目任务。

3. 安全注意事项

（1）未经教师或管理员允许不得擅自操作。

（2）设备维修时应断开主电源和控制电源，切勿带电操作。

（3）设备使用应严格按使用要求安全操作。

4. 工器具材料准备

（1）防护用品，包括防滑鞋、绝缘手套、工作服等。

（2）工具，包括温度计、万用表等。

（3）个人用品，包括笔、笔记本等。

四、实训作业步骤

1. 实训操作流程（见图 2-3-1）

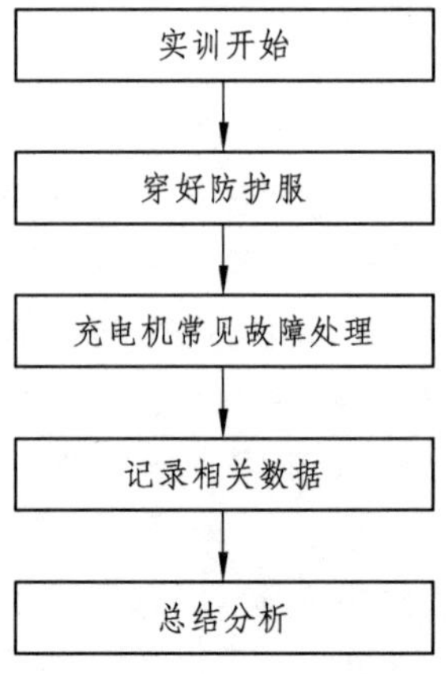

图 2-3-1　整体实训过程

2. 实训作业流程（见表 2-3-1）

表 2-3-1　实训作业流程

工序	故障现象	故障原因及处理措施	使用工具	安全注意事项	图片
1	输入过压	（1）直流输入电压高于 700V，测量输入直流电压。 （2）电压传感器损坏，检查电压传感器输入输出比例关系。 （3）微机控制板器件损坏，更换微机控制盒	万用表	小心触电	
2	输入欠压	（1）输出电压过高，测量输出电压。 （2）电压传感器损坏，检查电压传感器输入输出比例关系	万用表	小心触电	
3	输出过压	（1）输出电压过高，测量输出电压。 （2）电压传感器损坏，检查电压传感器输入输出比例关系	万用表	小心触电	
4	输出欠压	（1）电流传感器出现故障，测量输出电压。 （2）电压传感器损坏，检查电压传感器输入输出比例关系	万用表	小心触电	
5	输出过流	（1）电流传感器出现故障，检查电流传感器或者更换电流传感器试验。 （2）由于逆变桥 IGBT 损坏和其他元件损坏，检查 IGBT 模块是否击穿，检查输出 U、V、W 三相线间是否有短路，逆变桥吸收元器件是否损坏	万用表	小心触电	
6	输出过载	（1）负载有短路现象，检查负载。 （2）电流传感器出现故障，检查电流传感器	万用表	小心触电	
7	IGBT 保护	驱动板元件发现故障： 检查微机控制板； 检查 IGBT 驱动板； 检查 IGBT 管	万用表	小心触电	
8	过热保护	（1）散热器温度过高，测量散热器温度。 （2）温度继电器损坏，测量温度继电器触点是否为常闭。 （3）控制板检测回路故障，观察控制板相应指示灯××是否点亮	万用表	小心触电	
9	预充电故障	（1）输入接触器故障，观察输入接触器是否正常吸合。 （2）充电电阻损坏，测量充电电阻阻值是否正常。 （3）充电接触器故障，观察充电接触器是否正常吸合。 （4）线路松动或接触不良，查找线路是否紧固可靠连接。 （5）支撑电容检测电压传感器故障，检查电压传感器输入输出比例关系	万用表	小心触电	

续表

工序	故障现象	故障原因及处理措施	使用工具	安全注意事项	图片
10	无启动信号	（1）热备转换控制板故障，更换热备转换控制板组件。 （2）微机控制板器件损坏，观察控制板相应指示灯××是否点亮	万用表	小心触电	

五、实训考核标准（见表2-3-2）

表 2-3-2　实训考核标准

项目	标准	配分	得分
输入过压	能否阐述输入过压故障类型及处理措施	10	
输入欠压	能否阐述输入欠压故障类型及处理措施	10	
输出过压	能否阐述输出过压故障类型及处理措施	10	
输出欠压	能否阐述输出欠压故障类型及处理措施	10	
输出过流	能否阐述输出过流故障类型及处理措施	10	
输出过载	能否阐述输出过载故障类型及处理措施	10	
IGBT 保护	能否阐述 IGBT 保护故障类型及处理措施	10	
过热保护	能否阐述过热保护故障类型及处理措施	10	
预充电故障	能否阐述预充电故障类型及处理措施	10	
无启动信号	能否阐述无启动信号故障类型及处理措施	10	

六、思考题

充电机常见的故障都分为哪些类型?

任务四　逆变器的静态检查

一、实训目的

（1）通过实训，学生可以学习 25G 型车的逆变器结构。
（2）掌握 25G 型车逆变器的静态检查步骤。

二、理论链接

逆变电源装置为车上 AC 380 V 交流负载（空调机组、电茶炉等）提供三相电源，为车上 AC 220 V 交流负载（插座、伴热等）提供单相电源。各车型逆变器装置配置见表 2-4-1。

表 2-4-1 各车型逆变器配置

车型	逆变器箱	备注
硬座车	2×35 kV · A 逆变器+15 kV · A 隔离变压器	
硬卧车	2×35 kV · A 逆变器+15 kV · A 隔离变压器	
软卧车	2×35 kV · A 逆变器+15 kV · A 隔离变压器	
餐车	2×35 kV · A 逆变器+15 kV · A 隔离变压器	

（1）逆变器器件布局如图 2-4-1 和图 2-4-2 所示。

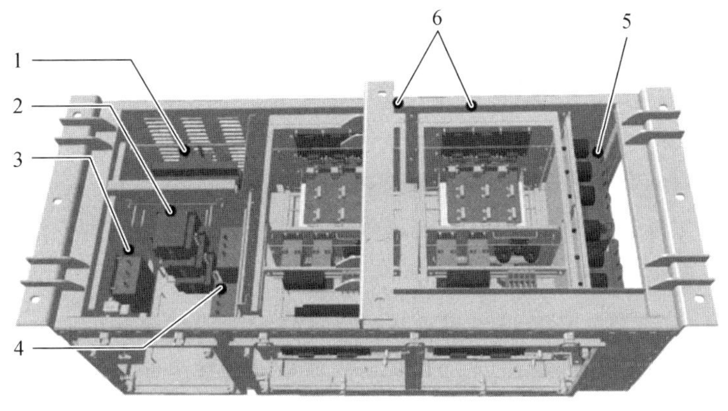

1—隔离变压器；2—输出交流接触器；3—输入 EMI；4—输出 EMI；
5—输出电抗器；6—模块（左侧为逆变器 1，右侧为逆变器 2）。

图 2-4-1 逆变电源箱体主要布局

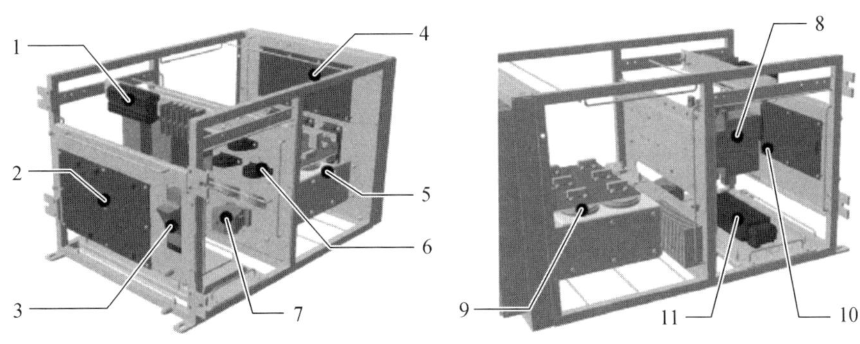

1—模块出现端子排；2—控制板；3—熔断器；4—驱动板；5—IGBT 6：电流传感器；
7—放点接触器；8—直流接触器；9—支撑电容；10—电源板；11—电压传感器。

图 2-4-2 逆变器模块主要元器件布局

（2）逆变器主电路接触器动作逻辑与时序。

① DC 110 V 控制电供电后，逆变器执行自检，时间不得超过 5 s。如果电压检测电路检测到 DC 600 V 电源电压低于 DC 500 V，主接触器处于断开，预充电接触器处干断开，放电接触器吸合，交流输出接触器断开；如果电压检测电路检测到主电路电压大于 DC 500（1 ± 2%）V 时，延时不得超过 5 s，吸合主接触器，放电接触器自动断开，开始预充电。当检测到电压检测电路 TV201 与 TV202 的电压差小于 DC 50 V 后，吸合预充电接触器，结束预充电状态（预充电时间不得超过 15 s）。当时间 T4 不到 55 ~ 60 s 时，延时等待，当 T4 达到 55 ~ 60 s 且预充电完成后，吸合交流输出接触器，逆变器按 VVVF 启动输出。对于餐车逆变器，时间 T2 可为 0 s，时间 T4 不超过 30 s。

② 在工作过程中，逆变器如果出现任何交流输出不正常的现象时，交流输出接触器断开，以免影响负载。如果出现不可恢复故障、逆变器不能正常工作或可能引起逆变器内部损坏时断开主接触器，断开预充电接触器，吸合放电接触器（放电接触器是通过主接触器的常闭触点串联控制的）。

③ 电压检测电路检测到电压低于 DC500V 持续 1 s 后，立即断开主接触器、预充电接触器，吸合放电接触器。

三、实训要求

1. 实训时间

教学课时为 2 个课时。

2. 实训形式

学生每 5 人组成 1 个工作小组，各小组制定实施方案及工作计划。每个小组选出 1 名组长，协助教师指导本组学生学习，检查实训作业进度和质量，制定改进措施，共同完成项目任务。

3. 安全注意事项

（1）未经教师或管理员允许，不得擅自操作。

（2）设备使用应严格按使用要求安全操作。

（3）非专业人员禁止打开箱体进行维修。

（4）不要随意断掉控制电源，断开控制电源前请先断开 DC 600 V 电源。不要过快进行 Ⅰ、Ⅱ 路切换。

4. 工器具材料准备

（1）防护用品，包括防滑鞋、绝缘手套、工作服等。

（2）工具，包括刷具、螺丝刀、扳手、万用表等。

（3）个人用品，包括永久性标记笔、笔记本等。

四、实训作业步骤

1. 整体实训过程（见图 2-4-3）

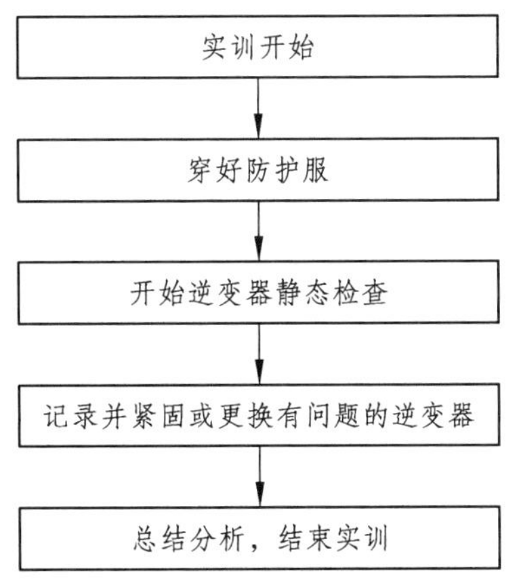

图 2-4-3　整体实训过程图

2. 实训作业流程（见表 2-4-2）

表 2-4-2　实训作业流程

工序	实训内容	检查标准	使用工具	安全注意事项	作业结果记录
1	逆变器箱体检查	（1）骨架，裂纹、变形、伤痕等情况已影响辅助电源的密封和使用时，需修复或更换。 （2）柜门，裂纹、变形、伤痕等情况已影响辅助电源的密封和使用时，需修复或更换。 （3）控制线插头，变形、伤痕、裂纹等情况已影响辅助电源的密封和使用时，需修复或更换，有松动情况需重新拧紧或更换	绝缘手套、螺丝刀、扳手	小心触电	
2	逆变器内部布线检查	（1）布线，老化、破损，需更换老化严重及破损的导线。 （2）接线端子、密封套、连接器，变形、破损、脱扣、生锈，需更换	绝缘手套	小心触电	
3	逆变器模块	（1）布线检查、紧固件检查，布线及紧固件如出现上述问题则采取相应对策。 （2）IGBT 元件，有裂纹或放电痕迹时查明原因并更换相应元件。 （3）密封圈检查，存在永久变形或弹性差时需更换。 （4）散热器检查，检查积灰情况并除尘。 （5）电容组件，电容漏液或塌陷时更换电容或组件	绝缘手套、螺丝刀、扳手、刷具	小心触电	

续表

工序	实训内容	检查标准	使用工具	安全注意事项	作业结果记录
4	控制箱	（1）外观检查，变形、伤痕、腐蚀等情况是否已影响电源控制箱的使用，需要修复或更换的。紧固件、连接件是否有松动及损坏，需要修复的。 （2）控制插件检查，检查积灰情况并除尘	绝缘手套、螺丝刀、扳手、刷具	小心触电	
5	电阻、滤波器、电流/电压传感器	（1）外观检查，表面有积尘，需清扫干净，脱色或损坏，需更换。 （2）接线端子检查，有松动的连接部分重新紧固，更换有裂纹或变形的部分	绝缘手套、螺丝刀、扳手、刷具	小心触电	

五、实训考核标准（见表2-4-3）

表 2-4-3　实训考核标准

项目	标准	配分	得分
逆变器箱体检查	是否检查骨架、柜门、控制线插头	20	
逆变器箱内部布线检查	是否检查逆变器箱内部的布线	20	
逆变器模块检查	是否按照顺序检查逆变器模块	20	
控制箱检查	是否按照顺序检查控制箱模块	20	
电阻、滤波器、电流/电压传感器检查	是否进行外部和接线端子检查	20	

六、思考题

逆变电源箱都由哪些结构组成？对这些结构静态检查的要点是什么？

任务五　逆变器的动态检查

一、实训目的

通过实训，学生可以掌握逆变器的动态检查要点。

二、理论链接

动态检查是指通过相关检测设备，根据设计和相关技术标准对正常运行条件下的系统功能、动态性能和系统安全状态进行检测。根据机车车辆的一般检修体制并考虑到 25G 客车逆变器箱的特点，本逆变器箱的修程分为一级检修 A1、二级检修 A2、三级检修 A3、四级检修 A4。

三、实训要求

1. 实训时间

教学课时为 2 个课时。

2. 实训形式

学生每 5 人组成 1 个工作小组，各小组制定实施方案及工作计划。每个小组选出 1 名组长，协助教师指导本组学生学习，检查实训作业进度和质量，制定改进措施，共同完成项目任务。

3. 安全注意事项

（1）未经教师或管理员允许不得擅自操作。

（2）设备使用应严格按使用要求安全操作。

（3）非专业人员禁止打开箱体进行维修。

（4）不要随意断掉控制电源，断开控制电源前请先断开 DC 600 V 电源。不要过快进行Ⅰ、Ⅱ路切换。

4. 工器具材料准备

（1）防护用品，包括防滑鞋、绝缘手套、工作服等。

（2）工具，包括刷具、螺丝刀、扳手、万用表等。

（3）个人用品，包括永久性标记笔、笔记本等。

四、实训作业步骤

1. 实训操作流程（见图 2-5-1）

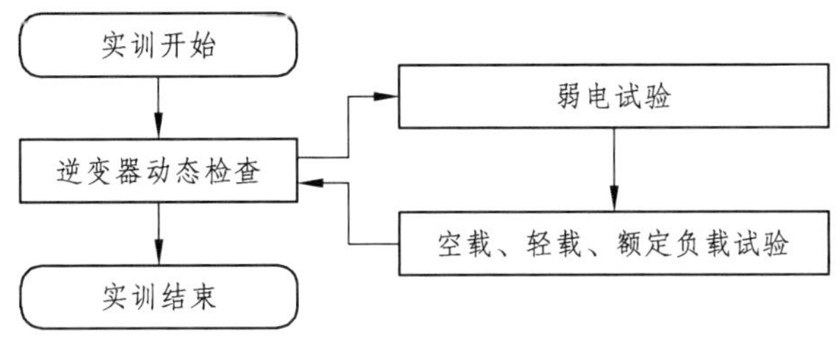

图 2-5-1　整体实训过程

2. 实训作业流程（见表 2-5-1）

表 2-5-1　实训作业流程

工序	实训内容	使用工具	安全注意事项	作业结果记录
1	接线检查。 检查确保接线无误	绝缘手套		
2	弱电试验。 仅给逆变器提供 DC 110 V 直流控制电源，逆变器的开关电源插件控制开关置合（ON）位，开关电源应能正常工作。检查逆变器的主控板、逆变器控制板上的指示灯，除主控板 27 A 灯周期性闪烁外应无任何红色指示灯亮。若有红色指示灯亮，表明系统有故障，应排除故障后方可进行后续试验。风扇层的风扇正常转动	电源、负载	小心触电、避免漏电	

续表

工序	实训内容	使用工具	安全注意事项	作业结果记录
3	空载试验。 系统接入 DC 600 V 电源，逆变器应能正常启动，待稳定后测量逆变器和变压器的三相输出电压、输出电压的上升率、输出电压峰值，测量值应符合技术要求	电源、负载、万用表	小心触电、避免漏电	
4	轻载试验。 系统接入 DC 600 V 电源。给逆变器带上小风机（1～3 kW）、变压器带上小负载，应能正常启动运行，输出电流、电压、频率符合技术要求则可	电源、负载、万用表	小心触电、避免漏电	
5	额定负载试验。 系统接入 DC 600 V 电源。给逆变器和变压器带上额定负载运行，应能正常启动运行，输出电流、电压、频率符合技术要求则可	电源、负载	小心触电、避免漏电	

五、实训考核标准（见表2-5-2）

表 2-5-2　实训考核标准

项目	标准	配分	得分
接线检查	是否检查接线	10	
弱电试验	是否进行了弱电试验	24	
空载试验	是否进行了空载试验	24	
轻载试验	是否进行了轻载试验	21	
额定负载试验	是否进行了额定负载试验	21	

六、思考题

逆变器动态检查主要进行哪几个试验？

任务六　逆变器的常见故障处理

一、实训目的

（1）通过实训，学生可以熟悉逆变器的一些常见故障。

（2）通过实训，学生可以掌握逆变器常见的故障处理方法。

二、理论链接

常见逆变器故障有如下 12 种类型。

（1）输入过压（故障代码：01）。

DC 600 V 电源电压大于输入过压保护设定值（输入过压保护设定值≥DC 700 V），逆变电源交流输出不能满足 AC 380 V ± 10%，50 Hz 的要求或逆变电源内部器件无法承受时，进行输入过压保护，逆变电源停止输出，通过网络发送故障代码。在一个分相区内，DC 600 V 电源电压连续 5 min 大于过压保护设定值，逆变电源发出故障硬线信号、通过网络发送故障代码。通过下一个分相区后，如果 DC 600 V 电源电压恢复正常，逆变电源应正常启动，消除故障硬线信号。

保护动作时，断开主接触器、预充电接触器、输出接触器。

（2）输入欠压（故障代码：02）。

DC 600 V 电源电压已经低于输入欠压保护设定值 DC 500 V，进行欠压保护。输入欠压保护只通过网络传送故障代码，不给硬线信号。当输入电压恢复到 DC 500（1 ± 2%）V 时，逆变电源应正常输出。

保护动作时，断开主接触器、预充电接触器、输出接触器。

（3）输出过压（故障代码：03）。

交流输出电压超过输出过压保护设定值（输出过压设定值为 AC （418 ± 5）V/50 Hz）或按照 V/f=380/50 降压降频输出时电压超过+10%的范围，进行输出过压保护，逆变电源停止输出。输出过压故障为不可恢复性故障，只能通过人为操作恢复。故障时发出硬线故障信号和网络故障代码。

保护动作时，断开主接触器、预充电接触器、输出接触器。

（4）输出欠压（故障代码：04）。

交流输出电压低于输出欠压保护设定值（输出欠压设定值为 AC （342 ± 5）V/50 Hz）或按照 V/f=380/50 降压降频输出时电压低于－10%的范围。输出欠压故障可恢复 3 次，当恢复 3 次仍然输出欠压，故障逆变器停止输出，发出硬线故障信号和网络故障代码。当发出硬线故障信号后，输出欠压故障为不可恢复性故障，只能通过人为操作恢复。

保护动作时，断开主接触器、预充电接触器、输出接触器。

（5）输出过流（故障代码：05）。

交流输出电流超过输出过流设定值（交流输出过流设定值为（150 ± 5）A）。交流输出过流故障可恢复 3 次，当恢复 3 次仍然输出过流，故障逆变电源停止输出，发出硬线故障信号和网络故障代码。当发出硬线故障信号后，输出过流故障为不可恢复性故障，只能通过人为操作恢复。

保护动作时，断开主接触器、预充电接触器、输出接触器。

（6）输出过载。

交流输出过载故障可恢复 3 次，恢复 3 次后仍然输出过载，故障逆变电源停止输出，发出硬线故障信号和网络故障代码。当发出硬线故障信号后，输出过载故障为不可恢复性故障，只能通过人为操作恢复。

保护动作时，断开主接触器、预充电接触器、输出接触器。

（7）IGBT 故障（故障代码：07）。

IGBT 内部发生短路击穿等故障。故障逆变电源停止输出，发出硬线故障信号和网络故障代码。当发出硬线故障信号后，IGBT 故障为不可恢复性故障，只能通过人为操作恢复。

保护动作时，断开主接触器、预充电接触器、输出接触器。

（8）散热器超温（故障代码：09）。

散热器表面温度超过（85 ± 5）℃。散热器超温故障可恢复 5 次，若持续 3 min 不能恢复，判断为故障。当恢复 5 次后，散热器仍然超温，故障逆变器停止输出，发出硬线故障信号和网络故障代码。当发出硬线故障信号后，散热器超温故障为不可恢复性故障，只能通过人为操作恢复。

保护动作时，断开主接触器、预充电接触器、输出接触器。

（9）预充电故障（故障代码：0c）。

DC 600 V 电源有电，逆变电源 DC 600 V 预充电接触器吸合时间超过 15 s，支撑电容上的电压与 DC 600 V 母线上的电压差仍然大于 50 V。预充电故障可恢复 3 次，当恢复 3 次后仍然故障，故障逆变电源应停止输出，发出硬线故障信号和网络故障代码。当发出硬线故障信号后，预充电故障为不可恢复性故障，只能通过人为操作恢复。

保护动作时，断开主接触器、预充电接触器、输出接触器。

（10）内部故障（故障代码：0d）。

发生内部故障时，故障逆变电源如果输出仍然正常只发出网络故障，如果输出不正常应发出硬线故障信号和网络故障代码。当发出硬线故障信号后，内部故障为不可恢复性故障，只能通过人为操作恢复。

保护动作时，断开主接触器、预充电接触器、输出接触器。

（11）输入输出接触器故障（故障代码：0e）。

输入输出接触器不能正常吸合、分断。输入输出接触器故障可恢复 3 次，当恢复 3 次后仍然故障，故障逆变电源应停止输出，发出硬线故障信号和网络故障代码。当发出硬线故障信号后，输入输出接触器故障为不可恢复性故障，只能通过人为操作恢复。

保护动作时，断开主接触器、预充电接触器、输出接触器。

（12）隔离变压器直流偏磁保护。

隔离变压器发生直流偏磁时，逆变器应能自动保护，通过输出电流传感器采样判断进行输入侧保护。

三、实训要求

1. 实训时间

教学课时为 4 个课时。

2. 实训形式

学生每 5 人组成 1 个工作小组，各小组制定实施方案及工作计划。每个小组选出 1 名组长，协助教师指导本组学生学习，检查实训作业进度和质量，制定改进措施，共同完成项目任务。

3. 安全注意事项

（1）未经教师或管理员允许不得擅自操作。

（2）非专业人员禁止打开箱体进行维修设备。

（3）设备维修时应断开主电源和控制电源，切勿带电操作。

4. 工器具材料准备

（1）防护用品，包括防滑鞋、绝缘手套、工作服等。

（2）工具，包括温度计、万用表等。

（3）个人用品，包括笔、笔记本等。

四、实训作业步骤

1.实训操作流程（见图 2-6-1）

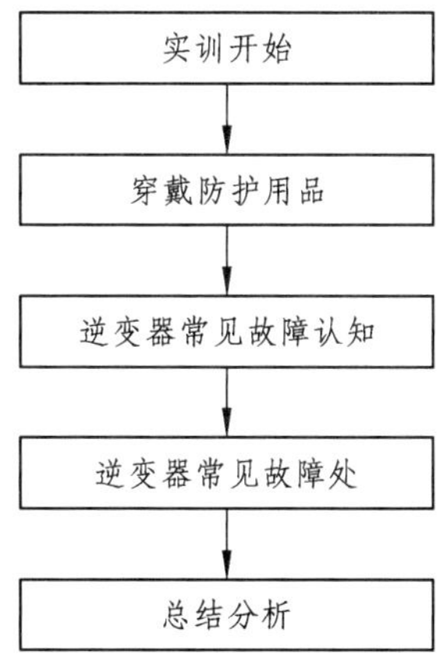

图 2-6-1　整体实训过程

2. 实训作业流程（见表 2-6-1）

表 2-6-1　实训作业流程

工序	故障现象	故障原因及处理措施	使用工具	安全注意事项	作业结果记录
1	输入过压	（1）直流输入电压高于 700 V，测量输入直流电压。 （2）电压传感器损坏，检查电压传感器输入输出比例关系。 （3）微机控制板器件损坏，更换微机控制盒	万用表	小心触电	

续表

工序	故障现象	故障原因及处理措施	使用工具	安全注意事项	作业结果记录
2	输入欠压	（1）综合控制柜供电故障，检查综合控制柜供电。 （2）直流输入电压低于 500 V，测量输入直流电压。 （3）箱体内快速熔断器烧断，检查快速熔断器。 （4）电压传感器损坏 ，检查电压传感器输入输出比例关系。 （5）微机控制板器件损坏，更换微机控制盒	万用表	小心触电	
3	输出过压	（1）交流输出电压过高，测量交流输出电压。 （2）电压传感器损坏，检查电压传感器输入输出比例关系。 （3）三相不平衡导致某一相输出电压过高，查找三相不平衡原因	万用表	小心触电	
4	输出欠压	（1）电流传感器出现故障，测量输出电压。 （2）电压传感器损坏，检查电压传感器输入输出比例关系	万用表	小心触电	
5	输出过流	（1）电流传感器出现故障，检查电流传感器或者更换电流传感器试验。 （2)由于逆变桥 IGBT 损坏和其他元件损坏，检查 IGBT 模块是否击穿。 （3）输出 U、V、W 三相线间是否有短路。 （4）逆变桥吸收元器件是否损坏	万用表	小心触电	
6	输出过载	（1）负载有短路现象，检查负载。 （2）电流传感器出现故障，检查电流传感器。 （3）三相电压不平衡， 检查逆变管 IGBT 驱动是否正常	万用表	小心触电	
7	IGBT 保护	（1）驱动板元件故障。 （2）检查微机控制板。 （3）检查 IGBT 驱动板。 （4）检查 IGBT 管。 （5)由于逆变桥 IGBT 损坏和线路发生短路，检查风机是否堵转或者缺相导致电流过大	万用表	小心触电	

续表

工序	故障现象	故障原因及处理措施	使用工具	安全注意事项	作业结果记录
8	过热保护	（1）散热器温度过高，测量散热器温度。 （2）温度继电器损坏 ，测量温度继电器触点是否为常闭。 （3）控制板检测回路故障，观察控制板相应指示灯××是否点亮	万用表	小心触电	
9	预充电故障	（1）输入接触器故障，观察输入接触器是否正常吸合。 （2）充电电阻损坏，测量充电电阻阻值是否正常。 （3）充电接触器故障，观察充电接触器是否正常吸合。 （4）线路松动或接触不良，查找线路是否紧固可靠连接。 （5）支撑电容检测电压传感器故障，检查电压传感器输入输出比例关系	万用表	小心触电	
10	无启动信号	（1）热备转换控制板故障，更换热备转换控制板组件。 （2）微机控制板器件损坏，观察控制板相应指示灯××是否点亮	万用表	小心触电	

五、实训考核标准（见表2-6-2）

表 2-6-2　实训考核标准

项目	标准	配分	得分
输入过压	阐述输入过压故障类型及处理措施	10	
输入欠压	阐述输入欠压故障类型及处理措施	10	
输出过压	阐述输出过压故障类型及处理措施	10	
输出欠压	阐述输出欠压故障类型及处理措施	10	
输出过流	阐述输出过流故障类型及处理措施	10	
输出过载	阐述输出过载故障类型及处理措施	10	
IGBT 保护	阐述 IGBT 保护故障类型及处理措施	10	
过热保护	阐述过热保护故障类型及处理措施	10	
预充电故障	阐述预充电故障类型及处理措施	10	
无启动信号	阐述无启动信号故障类型及处理措施	10	

六、思考题

逆变器常见故障对应的处理方式。

电开水炉实训演练

任务一　电开水炉整体认知

一、实训目的

通过实训，学生可以掌握电开水炉的工作原理以及结构特点的知识。

二、理论链接

1. 设计依据

电开水炉现已具备多种型号和规格。其设计依据要根据车型来定。除外形及安装尺寸等特殊要求外，其主要设计指标是电开水炉的产开水量（即每小时生产开水的数量）。可利用以下公式进行计算：

$$\eta \cdot Q = m \cdot c \cdot (t_2 - t_1)$$

式中　Q——加热管每小时产生的热量，kcal；

m——产开水量，kg/h；

c——水比热，1 kcal/kg·℃；

t_1——冷水温度（17℃）；

t_2——开水温度（97℃）；

η——电开水炉效率（经测试约为 84%）。

（1）卧车用电开水炉（KSLIII-W 型）。

由于卧车用电开水炉加热管总功率为 2.55 kW，故加热管每小时产生热量：

$$Q=2.55\ \text{kW} \times 860\ \text{kcal/kW·h}=2\ 193\ \text{kcal/h}$$

其中，860 kcal/kW・h 为热功当量，带入公式中得：

$$m = \frac{\eta \cdot Q}{c \cdot (t_2 - t_1)} = \frac{0.84 \times 2193}{1 \times (97 - 17)} \approx 23\,\text{kg/h}$$

即该型电开水炉产开水量约 23 kg/h。

按每天供水时间 16 h 计，每天每炉产开水量为 386 kg，而卧车（硬卧）定员按 66 人计，以夏季每人每天需饮水 4 kg 计算，共需开水量为 264 kg。可见，KSLIII-W 型电开水炉完全可以满足卧车上的饮水需要。

（2）硬座车用电开水炉（KSLIIIZ-C 型）。

通过计算（算法同上，略），该炉产开水量为 40.6 kg/h。每天每炉产开水量为 650 kg，而硬座车定员按 128 人计，共需开水量为 512 kg。可见，KSLIIIZ-C 型电开水炉也能满足硬座车旅客饮水需要。

2. 工作原理和结构特点。

如图 3-1-1 所示为电开水炉整体结构示意图，其主要部件包括：过滤器、浮子阀、炉胆、满水保护器和缺水保护器等。冷水从车上水箱经由过滤器进入浮子阀，然后进入炉胆的加热腔，在那里被加热烧开。

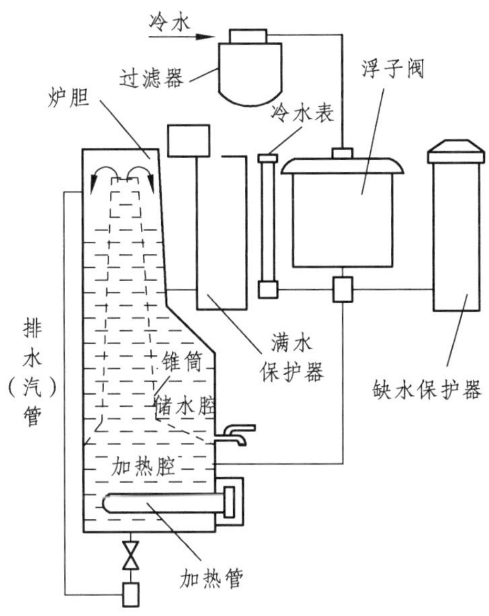

图 3-1-1　电开水炉结构示意

（1）过滤器。

过滤器是一个净化冷水的装置。如图 3-1-2 所示为过滤器结构简图。冷水自车上水箱进入后，经过滤器体、滤水管进入滤杯，然后通过滤网净化后沿出口流出，进入浮子阀。

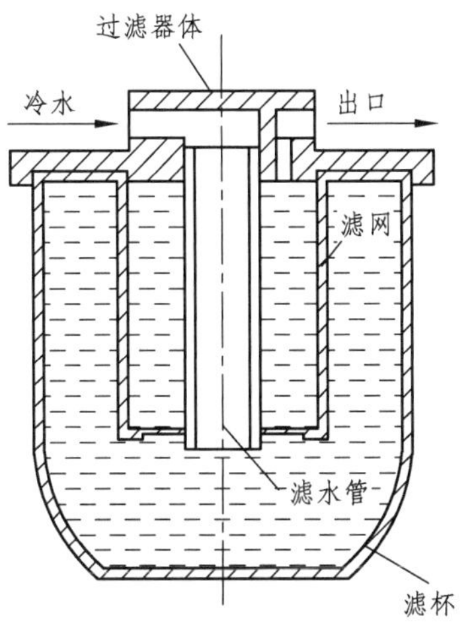

图 3-1-2　过滤器结构简图

（2）浮子阀。

浮子阀是实现电开水炉自动化补充冷水的关键部件，其简图如图 3-1-3 所示。它主要由进水阀、阀垫、顶杆、浮球和外筒等组成。注水时，冷水自过滤器由顶部的进水阀流入（此时阀垫为虚线位置），然后从底部经管路进入炉胆加热腔（见图 3-1-1）。随着冷水的不断注入，水位越来越高，当高至一定位置时（此时炉胆加热腔中的水位在接近锥筒顶端约 40mm 处），浮球被浮起，凭借浮力带动阀垫升至实线位置，并顶在进水阀的阀口上，此时即所谓“封水”状态，表明冷水暂停供给。这时应该接通电源，使加热管对冷水加热。那么，这种“封水”状态何时解除，即进水阀阀口何时再次开启而使冷水继续流入，将在介绍炉胆的作用时予以阐述。

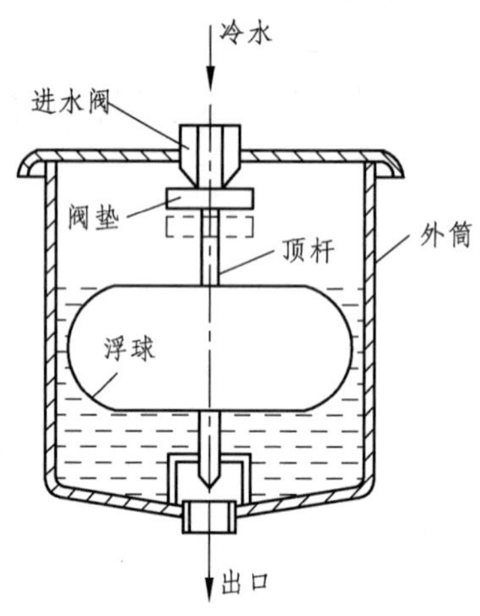

图 3-1-3　浮子阀结构简图

（3）炉胆。

炉胆（见图 3-1-1）是加热冷水和储存开水的不锈钢容器。现在客车上使用的电开水炉大都采用“翻水式”烧水方式。炉胆由两部分容腔组成，下部为加热腔，上部为储水腔。加热腔中安置电加热管，中间竖起一根“锥筒”。所谓“翻水式”，就是指当加热腔中的冷水被升温至 90℃以上时，由于热水体积膨胀，水面临近锥筒顶部，再继续加热，水开始沸腾，并由顶部翻出，流入储水腔。此时，锥筒里的水由于一部分被翻出，故水位下降。由于加热腔与浮子阀是连通的，所以浮子阀中的水位也同样下降，并使其浮球下沉（见图 3-1-3），当然也带动顶杆及阀垫下移，由原来的“封水”位置（实线位置）下移至开启位置（虚线位置），这样，阀垫与进水阀口重新离开（与起初注水时一样）一条缝隙，冷水又流入浮子阀进而流入加热腔。随着冷水的不断进入，水位又上升并致使再次“封水”，开始了又一个循环过程。

（4）满水保护器和缺水保护器。

在给水加热的过程中，有两个问题需提起注意。其一，当炉胆储水腔内的开水已充满（满水状态）时，如不及时断电，加热管则继续对水加热→沸腾→翻水，重复着上述过程。这时储水腔中的开水（连同蒸汽）就要从排水（汽）管白白跑掉，造成浪费。其二，当冷水不能正常供给（缺水状态）时，如不及时断电检查，则加热管同样继续加热，在冷水得不到补充的情况下，最后必然使加热腔内的水完全变成蒸汽跑掉，造成加热管“干烧”，酿成事故。针对以上问题，电开水炉增设了两个保护装置：满水保护器和缺水保护器。

① 满水保护器。满水保护器（见图 3-1-4）固定在炉胆外面，与储水腔连通。当储水腔内开水充满时，满水保护器内的水也满了，这时浮球被浮起，并带动顶杆顶动上面的微动开关杠杆，使其动作，靠外接控制线路断电，从而起到满水保护的作用。如这时有人饮用开水，则储水腔内水位下降，满水保护器外筒内的水位也随之下降，致使浮球带动顶杆下降，并离开微动开关杠杆，微动开关又动作，且重新接通电源，继续加热。

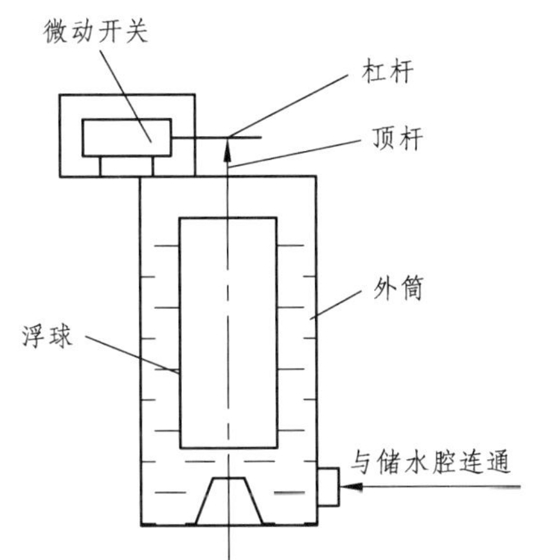

图 3-1-4　满水保护器结构示意

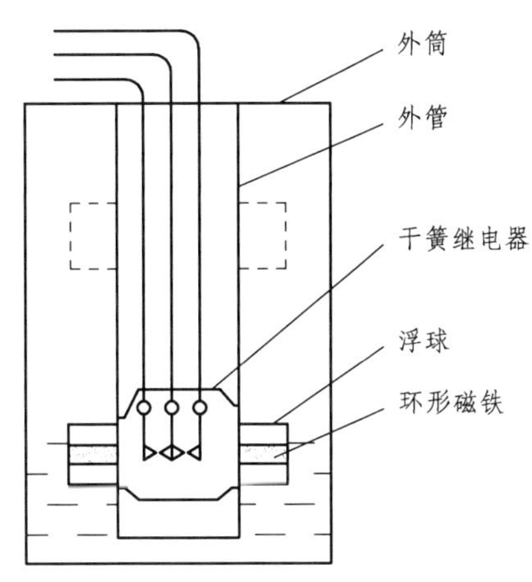

图 3-1-5 缺水保护器结构示意

② 缺水保护器。缺水保护器如图 3-1-5 所示，是与浮子阀和加热腔连通的。缺水时，缺水保护器中的浮球随水位下降。当降至低位（实线位置）时，浮球中的环形磁铁与外管内的干簧继电器作用，使常闭触点离开而常开触点闭合，切断加热电路并接通报警电路，起到缺水保护的作用。当缺水故障排除后，冷水又正常供给，浮球重新浮起（虚线位置）。常闭触点再次闭合，接通加热电源，恢复加热。

综上所述可以看到，电开水炉烧水的全过程是依其自动化的方式进行的，即自动化补充冷水—满水自动断电—缺水自动报警—满水和缺水情况解除后又自动恢复加热等。这也是电开水炉的最大可取之处。

三、实训要求

1. 实训时间

教学课时为 2 课时。

2. 实训形式。

学生每 5 人组成 1 个工作小组，各小组根据实训课程任务定制实训实施方案，每个小组选出 1 名组长，组长协助老师指导本组学生进行实训。

3. 实训注意事项

（1）未经教师或管理员允许不得擅自操作。

（2）在接通电源的情况下，做好自身防护，小心触电。

（3）需要严格按照标准操作步骤进行实训。

4. 工器具材料准备

（1）防护用品，包括防滑鞋、绝缘手套、工作服等。

（2）个人用品，包括笔、笔记本等。

四、实训作业步骤

1. 整体实训过程（见图 3-1-6）

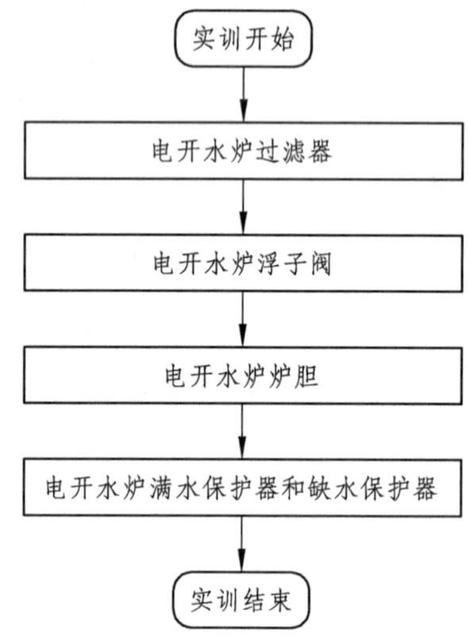

图 3-1-6　实训流程

2. 实训作业流程（见表 3-1-1）

表 3-1-1　实训作业流程

工序	实训内容	使用工具	安全注意事项	作业结果记录
1	过滤器组成结构和工作原理认知	笔、笔记本	穿好防护服，小心触电	
2	浮子阀组成结构和工作原理认知	笔、笔记本	穿好防护服，小心触电	
3	炉胆组成结构和工作原理认知	笔、笔记本	穿好防护服，小心触电	
4	满水保护器组成结构和工作原理认知	笔、笔记本	穿好防护服，小心触电	
5	缺水保护器组成结构和工作原理认知	笔、笔记本	穿好防护服，小心触电	

五、实训考核标准（见表3-1-2）

表 3-1-2　实训考核标准

项目	标准	配分	得分
过滤器知识考核	能够叙述过滤器净化冷水的作用原理	20	
浮子阀知识考核	能够叙述出浮子阀的组成部分，以及作用原理	20	
炉胆知识考核	能够叙述出炉胆的两部分组成，以及作用原理	20	
满水保护器知识考核	能够叙述满水保护器的组成部分，以及作用原理	20	
缺水保护器知识考核	能够叙述缺水保护器的组成部分，以及作用原理	20	

六、思考题

（1）冷水为什么必须先经过浮子阀再进入加热腔加热？
（2）炉胆为什么要分成两个容器？
（3）满水保护器和缺水保护器在电开水炉工作过程中起什么作用？

任务二　电开水炉检修与维护

一、实训目的

通过实训，学生可以掌握电开水炉检修的标准流程以及注意事项。

二、理论链接

电开水炉经过特殊加工，可防止干烧损坏，能够保证工作更加安全可靠。

严禁将水滴入电热水器的电源插座上。为避免触电事故的发生，请勿将电源线置于水中。

在日常使用电开水炉时，可能会遇到以下故障，其诊断方法见表 3-2-1。

表 3-2-1 故障及诊断方法

故障	诊断
“电源灯”不亮，装置不工作	（1）检查电源线是否连接好； （2）检查总开关是否损坏
注入清水时，出现“渗漏现象”	储水箱变形或损坏
合上“电热水炉开关”，装置不工作	（1）检查电源器件是否损坏； （2）检查电热水炉开关是否接触不良
水位显示及传感器组件失效，导致出水温度低，排气管溢水多	更换水位显示及传感器组件
控制箱熔芯熔断，更换熔芯后又立即熔断	更换电控箱

三、实训要求

1. 实训时间

教学课时为 2 课时。

2. 实训形式

学生每 5 人组成 1 个工作小组，各小组根据实训课程任务定制实训实施方案，每个小组选出 1 名组长，组长协助老师指导本组学生进行实训。

3. 实训注意事项。

（1）未经教师或管理员允许不得擅自操作。

（2）清洗加热腔时，防止清洁剂溅入眼睛、接触皮肤。

（3）搬运电开水器时防止砸伤。

（4）电开水器通电试验时防止触电。

（5）需要严格按照标准操作步骤进行实训。

4. 工器具材料准备

（1）防护用品以及作业材料，包括橡胶手套、护目镜、橡胶小桶、金属铲、NK-100 型电开水器专用除垢剂、耐高温防水密封胶等。

（2）工具，包括电筒、万用表、500 V 兆欧表、套筒、扳手、一字螺丝刀、十字螺丝刀、点温计、手锤、角磨机、剪刀、电开水器综合实验台等。

（3）个人用品，包括笔、笔记本等。

四、实训作业步骤

1. 整体实训过程（见图 3-2-1）

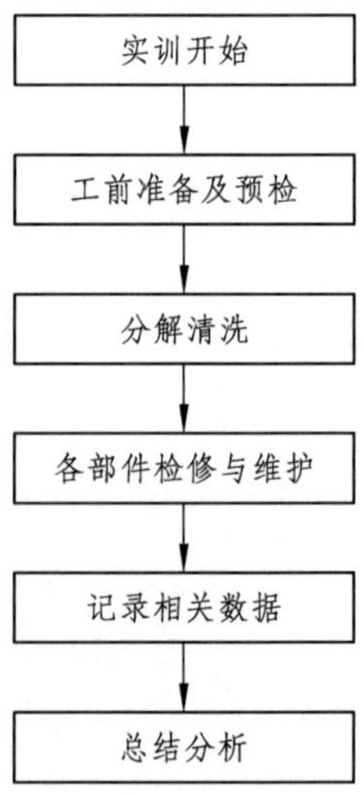

图 3-2-1 实训流程

2. 实训作业流程（见表 3-2-2）

表 3-2-2　实训作业流程

工序	实训内容	具体步骤	作业结果记录
1	工前准备及预检	（1）作业者防护用品穿戴整齐。 （2）作业者确认工具、材料齐全，测量量具须良好，并在计量有效期内。 （3）逐一检查待修电开水器、炉体、排水导管、加热腔外盖、炉体外观是否损坏变形，否则调修或更新。配件缺失进行补装	
2	分解清洁	（1）控制箱装有漏电保护空开的，拆下空开送校。 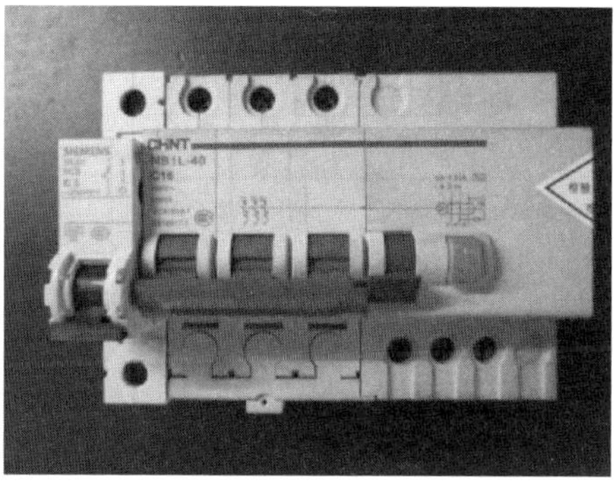 （2）拆下加热管、水位传感器、防干烧探头、保温管、电磁阀接线端子，取出配线，各配线端子须包扎防护。 （3）清洁开水器外表面污垢后，将控制箱与炉体分离。 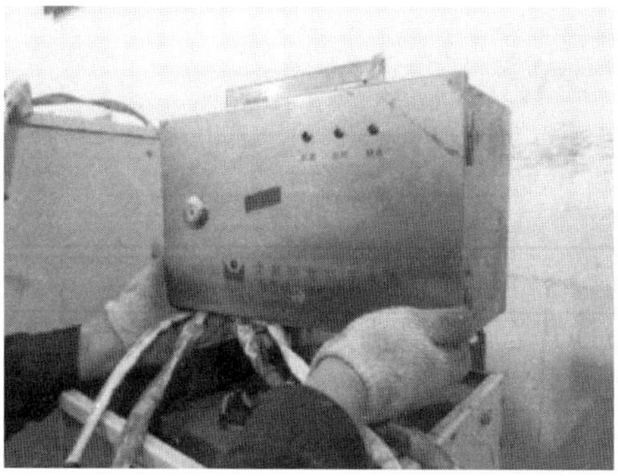 （4）储水箱除垢。 ① 拆下储水箱顶盖，用金属铲清储水箱内、加热箱及管道水垢。	

续表

工序	实训内容	具体步骤	作业结果记录
2	分解清洁	 ② 封闭加热箱口，关闭加热水箱、储水箱水阀，堵住溢水管。 ③ 用橡胶小桶注入稀释后的NK-100型电开水器专用除垢剂约15 kg，静置30 min后注入清水，直至将烧水箱、储水箱注满为止。  ④ 浸泡时间控制在2~4 h，待水垢清除干净后放掉除垢剂，用清水清洗3遍。 （5）储水箱变形影响使用时调修或更新。 （6）进行渗漏试验：封闭加热箱口，关闭加热水箱、储水箱水阀，堵住溢水管；注入清水进行渗漏试验，渗漏试验时间控制在12 h以上，如有渗漏进行加修。 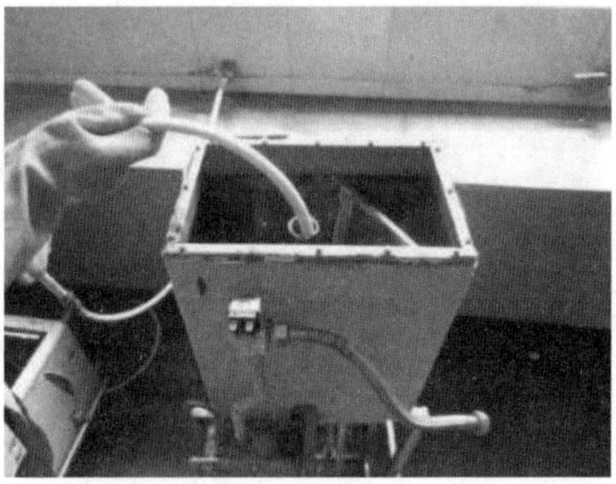	

续表

工序	实训内容	具体步骤	作业结果记录
3	加热管检修	（1）检查加热管，开路、短路、破损、变形、绝缘不合要求时更新。  （2）用金属铲清除加热腔四壁的残余水垢。  （3）用数字万用表R×200 k挡检测三根加热管，阻值应均衡，单根阻值须达到30~35 Ω，用500 V兆欧表检测加热管对壳冷态绝缘须≥200 MΩ。 注：在用兆欧表测绝缘值之前，必须对兆欧表进行短路、开路实验；在使用兆欧表时，摇动手柄的转速应掌握在 2 r/s 左右	
4	炉体检修	（1）炉体须平整、清洁，外壳及柜门变形时需调整并进行抛光处理，门折页损坏须更新。 （2）检查水管路无开裂、锈蚀，管路连接牢固。 （3）各阀门、热水嘴作用良好，开关无卡滞，疏通排气管、冷热水管，各连接导管无渗漏，各管件接头不良时更新。	

续表

工序	实训内容	具体步骤	作业结果记录
4	炉体检修		
5	控制箱及配线检修	（1）清除控制箱内的杂物及过期定检标签，用电子仪器清洗剂、电器复合剂清洁控制箱内各电器元件及配线。 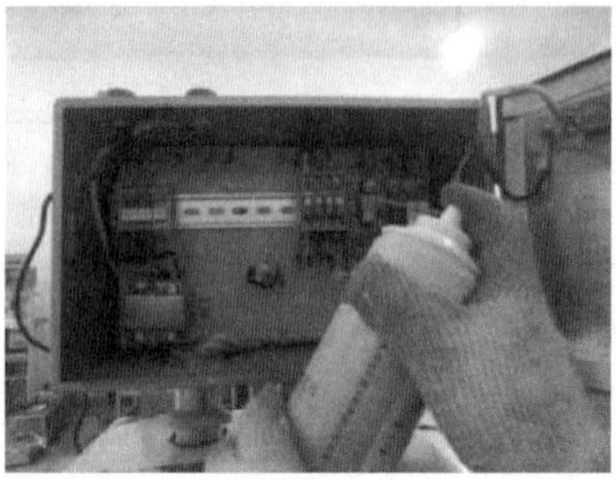 （2）检查控制箱各配件安装须牢固，配件须齐全，接线端无松动，如有松动须紧固。 （3）检查配线线号须清晰，排列须整齐，配线绝缘层无老化、烧损，引出线口护套无老化、破损，接地线应齐全可靠，接地电阻≤4 Ω，各部接线牢固，接线柱须彻底清除氧化物，螺母氧化变色的须更新，与开水器炉体相接连的配线须加热缩套管。 （4）配线检查须破开外层黄腊管，检查内部配线是否有破损、老化、变色、烧损痕迹，如有须更新配线，测试配线绝缘，相间绝缘阻值须≥4 MΩ，相线对地绝缘阻值须≥2 MΩ；检修后配线使用黄蜡管保护。 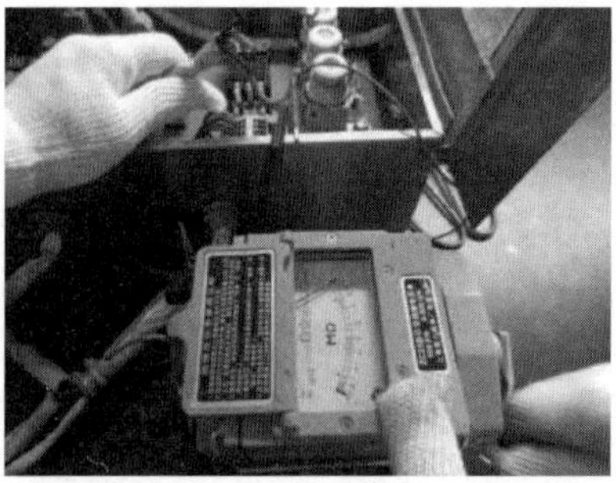	

续表

工序	实训内容	具体步骤	作业结果记录
5	控制箱及配线检修	（5）检查指示灯，指示灯无松动、异型、异色。 （6）各继电器、接触器外观清洁、无破损，用数字万用表检测无缺相、粘连现象，各触点、接线柱无氧化变色、烧损现象。 （7）接地指示牌、电开水器电气原理图须清晰、齐全、正确。 （8）装经校验后合格的漏电保护空开。 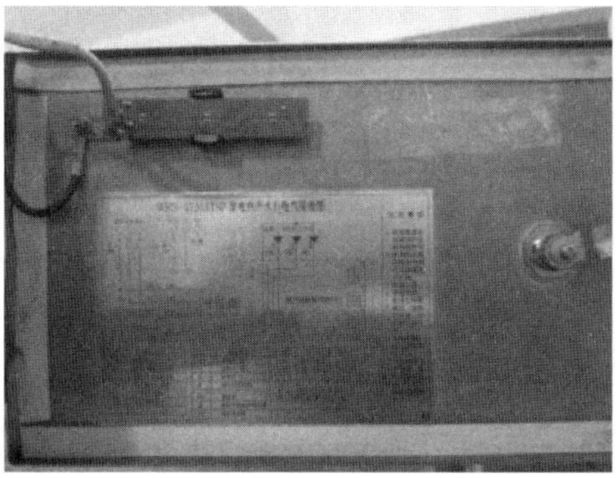	
6	检查电磁阀	电磁阀外观良好，引线无老化破损，通电动作灵活可靠，不良则更新	
7	检查水位传感器、温度传感器	水位传感器、温度传感器清除表面水垢，损坏或腐蚀的更新，在传感器接线端处或其配线接线排处，检测传感器（含配线）对电开水器金属壳体（地）绝缘，冷态绝缘电阻不小于 0.5 MΩ	
8	检查防干烧保护装置	防干烧保护盒外观良好，静态检测防干烧探头阻值为 100～120 kΩ，不良者更换	

五、实训考核标准（见表3-2-3）

表 3-2-3　实训考核标准

项目	标准	配分	得分
工前准备及预检知识考核	能够叙述工前准备及预检的工作内容	10	
分解清洁知识考核	能够叙述出分解清洁过程中主要步骤内容	10	
加热管检修	能够叙述加热管的检修方法	15	
炉体检修	能够叙述炉体的检修方法	15	
控制箱及配线检修	能够叙述控制箱及配线检修的检修方法	15	
检查电磁阀	能够叙述电磁阀的检修方法	15	
检查水位传感器、温度传感器	能够叙述水位传感器、温度传感器的检修方法	10	

六、思考题

（1）如何进行控制箱及配线检修?
（2）在进行电开水炉检修与维护时，主要用到哪些工具？在检修与维护的过程中有哪些注意事项?
（3）简述电开水炉各部件检修的内容。

任务三　电开水炉的功能检测

一、实训目的

通过实训，学生可以掌握电开水炉检修的标准流程以及注意事项。

二、理论链接

电开水炉经过特殊加工，可防止干烧损坏，能够保证工作更加安全可靠。

严禁将水滴入电热水器的电源插座上，为避免触电事故的发生，请勿将电源线置于水中。

在日常使用电开水炉时，可能会遇到以下故障，其诊断方法见表 3-3-1。

表 3-3-1　故障及诊断方法

故障	诊断
“电源灯”不亮，装置不工作	（1）检查电源线是否连接好； （2）检查总开关是否损坏
注入清水时，出现“渗漏现象”	储水箱变形或损坏。
合上“电热水炉开关”，装置不工作	（1）检查电源器件是否损坏； （2）检查电热水炉开关是否接触不良
水位显示及传感器组件失效，导致出水温度低，排气管溢水多	更换水位显示及传感器组件
控制箱熔芯熔断，更换熔芯后又立即熔断	更换电控箱

三、实训要求

1. 实训时间

教学课时为 2 课时。

2. 实训形式

学生每 5 人组成 1 个工作小组，各小组根据实训课程任务定制实训实施方案，每个小组选出 1 名组长，组长协助老师指导本组学生进行实训。

3. 实训注意事项

（1）未经教师或管理员允许不得擅自操作。
（2）清洗加热腔时，防止清洁剂溅入眼睛、接触皮肤。

（3）搬运电开水器时防止砸伤。

（4）电开水器通电试验时防止触电。

（5）需要严格按照标准操作步骤进行实训。

4. 工器具材料准备

（1）防护用品以及作业材料，包括橡胶手套、护目镜、橡胶小桶、金属铲、NK-100型电开水器专用除垢剂、耐高温防水密封胶等。

（2）工具，包括电筒、万用表、500 V 兆欧表、套筒、扳手、一字螺丝刀、十字螺丝刀、点温计、手锤、角磨机、剪刀、电开水器综合实验台等。

（3）个人用品，包括笔、笔记本等。

四、实训作业步骤

1. 整体实训过程（见图 3-2-1）

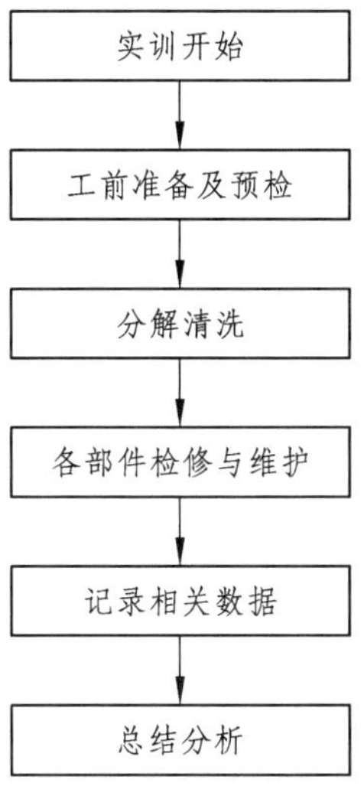

图 3-3-1 实训流程

2. 实训作业流程（见表 3-3-2）

表 3-3-2 实训作业流程

工序	实训内容	具体步骤	作业结果记录
1	电源线连接	根据电开水器的供电制式连接试验台 DC 600 V、AC 380 V、DC 110 V 导线，连接进水导管	
2	试验台供电检查	合上电源开关，检查 DC 110 V 电源模块供电是否正常（DC100～110 V），检查 AC 380 V 三相供电是否正常，有无缺相，三相对地显示电压 AC 220 V	
3	注水试验	按下供电电源按钮开关，合上电开水器控制、主回路空气开关，电开水器进水电磁阀得电动作开始向炉内注水，10 min 后关闭电开水器电源，静态检查炉体、各管阀有无渗漏现象，验水阀验水正常	

续表

工序	实训内容	具体步骤	作业结果记录
4	防干烧试验	在电开水器加热时用一个 3.3～4 kΩ 的电阻并联接在防干烧感温探头的接插件上，此时电开水器控制板应发出信号，电井水器停止加热，同时控制板故障指示灯亮	
5	烧水试验	合上电开水器 AC 380 V 和 DC 110 V 空气开关，进水电磁阀得电动作开始向烧水箱内注水，注水结束后烧水继电器、接触器得电吸合，继电器、接触器吸合有力，无卡滞、异响；控制箱加热指示灯亮，电开水器开始烧水，观察电开水器工作电流正常，电流不大于额定值 110%；当停止烧水时，观察电开水器综合试验台无工作电流显示，电开水器控制箱工作指示灯只有电源指示灯常亮。测试出水温度不低于 95 ℃	
6	缺水保护性能试验	当烧水箱内无水或水位低于电极控制点时，电开水器控制系统应自动切断加热管电源，控制箱面板缺水指示灯亮	
7	电开水器绝缘检测	试验过程中检查电加热元件绝缘，在电加热元件接线端处或其电源接线排处，检测电加热元件（含电源配线）对电开水器金属壳体（地）绝缘，绝缘阻值须满足下述要求。 烧水试验前：绝缘阻值≥20 MΩ； 烧水试验后（断电 30 s）：绝缘阻值≥2 MΩ	

五、实训考核标准（见表3-3-3）

表 3-3-3 实训考核标准

项目	标准	配分	得分
电源线连接考核	能够正确连接电源线	10	
试验台供电检查考核	能够叙述试验台供电检查的内容	10	
注水试验考核	能够叙述注水试验的主要内容	15	
防干烧试验考核	能够叙述防干烧试验的主要内容	15	
烧水试验考核	能够叙述烧水试验的主要内容	15	
缺水保护性能试验考核	能够叙述缺水保护性能试验的主要内容	15	
电开水器绝缘检测考核	能够叙述电开水器绝缘检测的内容和要求	10	

六、思考题

（1）如何进行控制箱及配线检修？

（2）在进行电开水炉检修与维护时，主要用到哪些工具？在检修与维护的过程中有哪些注意事项？

（3）简述电开水炉各部件检修的内容。

项目四 集便装置实训演练

任务一 集便装置整体认知

一、实训目的

（1）通过实训，学生可以熟悉 25G 型车的集便装置结构。

（2）掌握 25G 型车集便装置整体功能。

二、理论链接

1. 概述

25G 型铁路客车采用了 BP-0 型真空保持式集便器系统。真空保持式集便器系统的特点是：工作状态下，系统在污物箱中始终保持设定的真空度，便盆冲洗时，按下冲洗按钮，系统即可同时进行冲洗和排空动作，利用污物箱中存在的真空直接将粪便污水抽吸到污物箱内。该系统具有原理结构简单、冲洗动作无迟滞、工作可靠、噪音低等优点。

2. 系统组成

BP-0 型真空集便器系统又分为蹲式便器系统和坐式便器系统。

（1）蹲式集便器系统如图 4-1-1 所示。

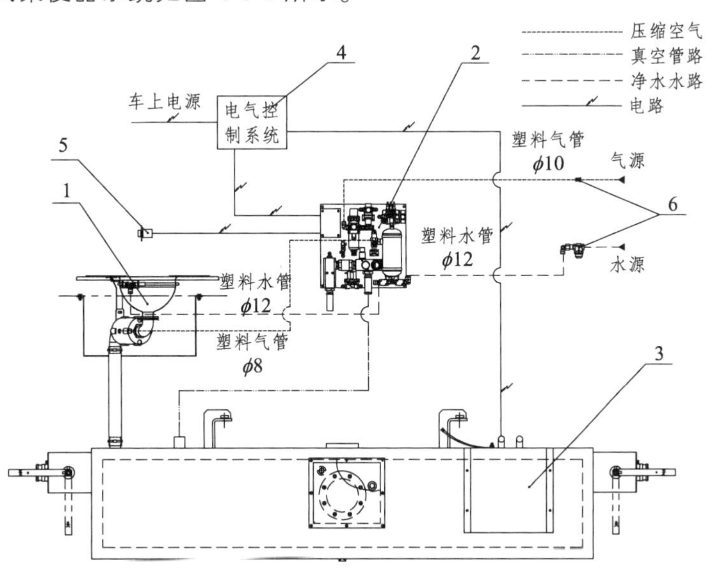

1—蹲便器；2—气水控制盘；3—污物箱；4—电气控制系统；5—冲洗按钮；6—装车配件。

图 4-1-1 蹲式集便器系统

（2）坐式集便器系统如图 4-1-2 所示。

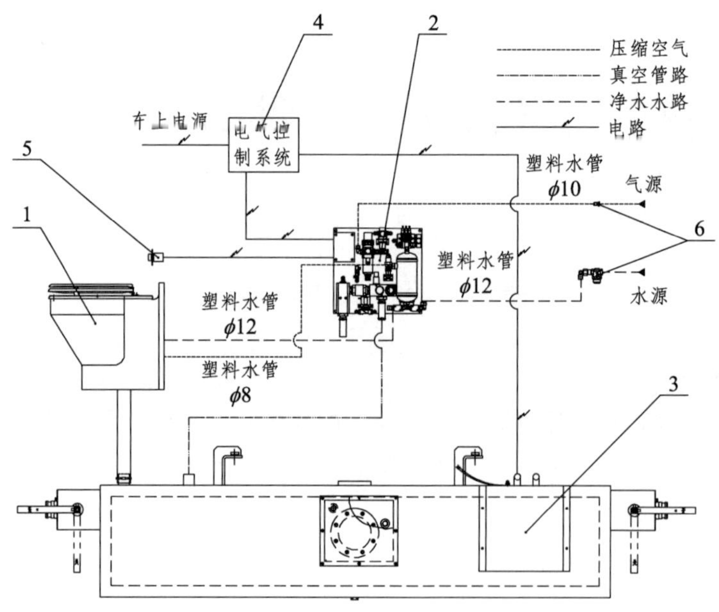

1—坐便器；2—气水控制盘；3—污物箱；4—电气控制系统；5—冲洗按钮；6—装车配件。

图 4-1-2　坐式集便器系统

3. 系统原理

以蹲式集便器系统为例，如图4-1-1所示，待机时，气水控制盘上的喷射器将污物箱内抽至一定的真空度，并使该真空度始终保持在一定范围内。用一个压力开关控制真空度范围的上下限值（－15～－30 kPa），当污物箱内的真空度降低到－15 kPa以下时，喷射器自动开始工作，对污物箱抽真空，直到污物箱内的真空度达到－30 kPa，喷射器自动停止工作。气水系统原理如图4-1-3所示，电气原理如图4-1-4所示。

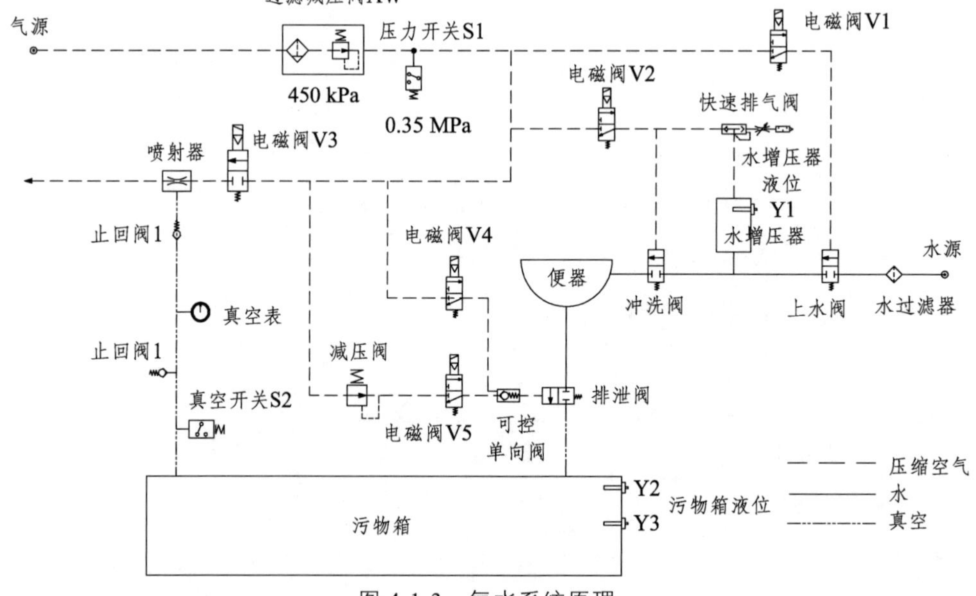

图 4-1-3　气水系统原理

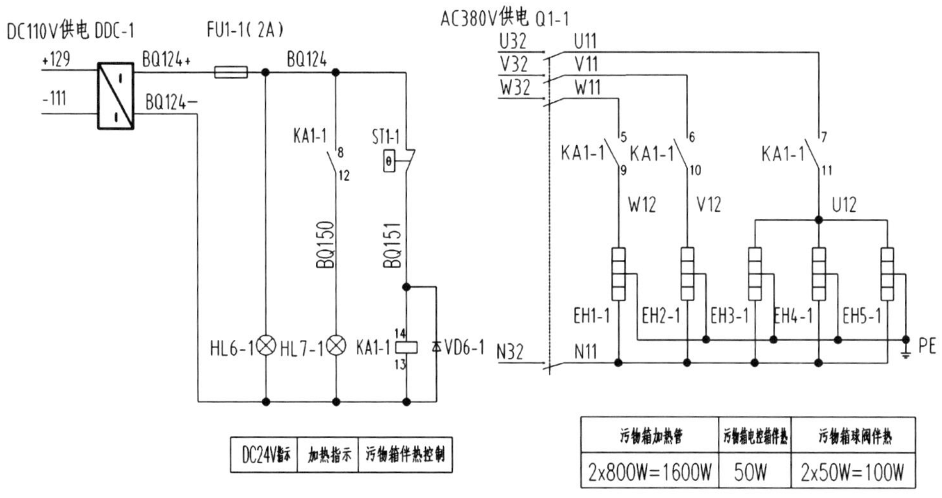

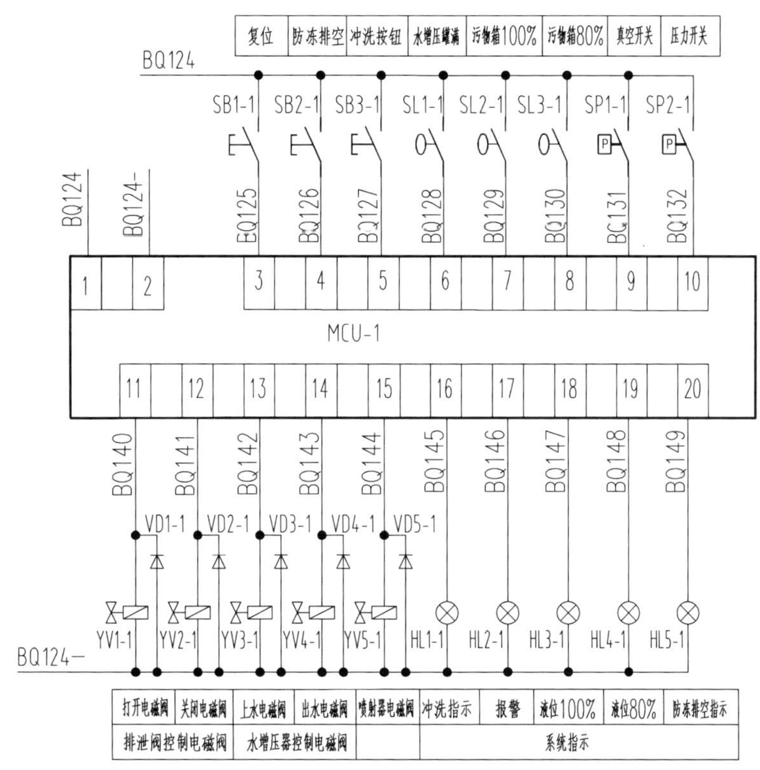

图 4-1-4　电气原理

冲洗循环过程：按下冲洗按钮——水增压器开始加压，并对便盆进行冲洗，大约2 s后，冲洗动作要结束时，排泄阀打开——排泄阀开启一段时间后，污物排空后，排泄阀关闭——水增压开始重新上水——若污物箱内的真空度降低到－15 kPa以下，则自动启动喷射器对污物箱抽真空；抽真空结束，系统为下一次冲洗做好准备。冲洗时序如图4-1-5所示。

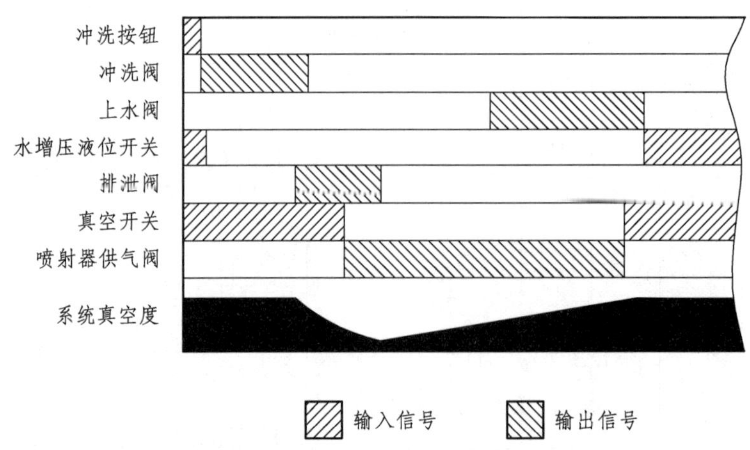

图 4-1-5　冲洗时序

4. 系统状态认知

系统在接通水、电、气以后，只会处于以下四种状态之一。

（1）待机状态。

系统处于待机状态时，污物箱内保持真空，上水阀、冲洗阀、排泄阀处于关闭状态，喷射器处于非工作状态：电磁换向阀V1、V2、V3、V4、V5均未得电，水增压器液位开关处于闭合状态，水增压器内充满水处于非增压状态。真空开关S2应有信号输出。压力开关S1应有压力信号输出（压缩空气压力大于35 bar）。污物箱80%液位开关可能有信号输出，也可能没有信号输出。污物箱100%液位开关无信号输出。

（2）冲洗循环状态。

按下冲洗按钮后，开始进行便器冲洗循环。首先电磁阀2得电打开，压缩空气通过电磁阀2一路进入冲洗阀，使冲洗阀打开；一路通过快速排气阀进入水增压器，为冲洗水加压，加压后的压力水通过冲洗阀进入便盆，对便盆进行冲洗。其后，水增压器液位开关处于断开状态。经过设定的时间，在冲洗动作快要结束时，电磁阀V4得电打开，可控单向阀在压缩空气的控制下反向连通，使排泄阀内的压缩空气排出，排泄阀打开，便盆内的粪便污水在真空的抽吸作用下直接进入污物箱内；冲洗动作结束后，电磁阀2失电关闭，冲洗阀关闭；便盆排空动作结束后，电磁阀4失电关闭，电磁阀5得电打开，压缩空气通过电磁阀5和可控单向阀进入排泄阀关闭，持续设定的时间后，电磁阀5失电关闭。

（3）防冻排空状态。

除非系统处于压缩空气压力低报警状态下，在其他任何状态下，都可以执行防冻排空过程。按下防冻排空按钮，系统进入防冻排空动作过程，电磁阀V2得电打开，冲洗阀打开，水增压罐内的压力水通过冲洗阀对便盆进行冲洗，经过设定的时间后，电磁阀V2失电关闭。稍后，电磁阀V1得电打开，上水阀打开，开始模拟上水过程，2 min内，若水增压罐液位开关产生信号输出，则自动执行正常的冲洗循环动作，之后再次重复上述的上水和液位开关检测过程，系统最多自动执行4次正常冲洗循环后报警。若每一次上水2 min后，水增压罐液位开关无信号输出，则电磁阀V1失电关闭，上水阀关闭，电磁阀V2得电打开，冲洗阀打开，再次对便盆进行冲洗3 s后电磁阀V2失电关闭，冲洗阀关闭，电磁阀V4得电打开，可控单向阀在压缩空气的控制下反向连通，使排泄阀内的压缩空气排出，排泄阀打开，便盆内的粪便污水在真空的抽吸作用下直接进入污物箱内。5 s后，电磁阀4失电关闭，电磁阀5得电打开，压缩空气通过电磁阀5和可控单向阀进行排泄动作；排泄阀关闭，持续设定的时间后，电磁阀5失电关闭，防冻排空过程结束。

（4）报警或故障状态。

① 按钮故障。

② 水压低。

③ 压缩空气压力低。

④ 抽真空时间短。

⑤ 水增压器故障。

⑥ 污物箱满80%。

⑦ 污物箱满100%。

⑧ 冲洗条件未达到。

5. 主要技术参数（见表 4-1-1）

表 4-1-1 主要技术参数

1. 系统型号：BP-0	6. 压缩空气供应：4.5 ~ 9 bar
2. 集便器类型：真空保持式	7. 压缩空气工作压力：4.5 bar
3. 操作真空度：－15 ~ －30 kPa	8. 冲洗循环时间：≤6 s
4. 水消耗量：每次冲洗≤0.45 L	9. 便盆输出管规格：外径 50 mm
5. 压缩空气消耗量：每次冲洗≤140 NL（400 L 污物箱数据）	10. 加热电源：AC 380 V ± 15%

三、实训要求

1. 实训时间

教学课时为 2 个课时。

2. 实训形式

学生每 5 人组成 1 个工作小组，各小组制定实施方案及工作计划。每个小组选出 1 名组长，协助教师指导本组学生学习，检查实训作业进度和质量，制定改进措施，共同完成项目任务。

3. 安全注意事项

（1）未经教师或管理员允许不得擅自操作。

（2）冲洗时小心水流飞溅。

4. 工器具材料准备

（1）防护用品，包括防滑鞋、绝缘手套、工作服等。

（2）个人用品，包括笔、笔记本等。

四、实训作业步骤

1. 整体实训过程（见图 4-1-6）

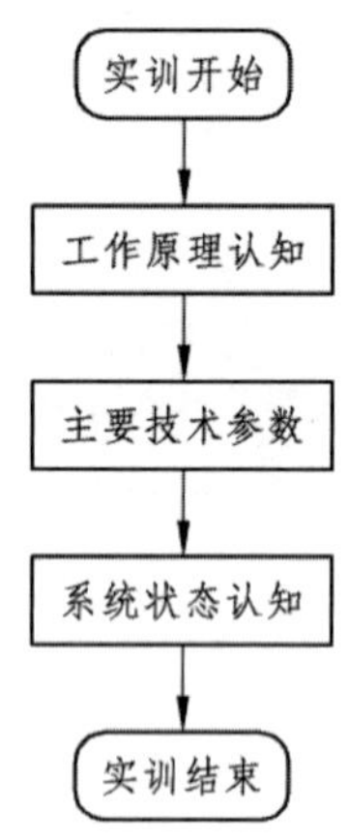

图 4-1-3 整体实训过程

2. 实训作业流程（见表 4-1-2）

表 4-1-2 实训作业流程

工序	实训内容	使用工具	安全注意事项	作业结果记录
1	集便器系统组成认知	笔、笔记本	冲洗时小心水流飞溅	
2	工作原理认知	笔、笔记本	冲洗时小心水流飞溅	
3	系统状态认知： （1）待机状态； （2）冲洗循环状态； （3）防冻排空状态； （4）报警或故障状态	笔、笔记本	冲洗时小心水流飞溅	
4	主要技术参数认知	笔、笔记本	冲洗时小心水流飞溅	

五、实训考核标准表（见表4-1-3）

表 4-1-3 实训考核标准

项目	标准	配分	得分
集便器概念、系统组成	能否阐述集便器概念、系统组成	12	
工作原理认知	能否阐述集便器工作原理	14	
主要技术参数	能否说出五个及以上主要参数	14	

续表

项目	标准	配分	得分
待机状态	能否阐述此状态工作原理	14	
冲洗循环状态	能否阐述此状态工作原理	15	
防冻排空状态	能否阐述此状态工作原理	15	
报警或故障状态	能否阐述故障分为哪几类	16	

六、思考题

防冻排空状态，系统最多自动执行几次正常冲洗循环后报警？

任务二　集便装置检修与维护

一、实训目的

（1）通过实训，学生掌握集便器检修流程。

（2）掌握 25G 型车集便器装置的维护要点。

二、理论链接

对设备定期和不定期进行预防性或恢复性检查与修理工作，称为检修，检修与维护是生产管理的重要组成部分，对集便器装置的长久使用有着重要的意义，有利于增长器件寿命。

进行维护或维护时，工作人员必须一直遵守所有的安全规章。污物是传播寄生微生物的常见方式，如细菌、真菌、原生物、有毒物和蠕虫。某些微生物是病原体，能传染严重的疾病，甚至造成死亡。很多与污物有关的疾病是通过致病的有机物由手至嘴传播的，维修或者以任何方式接触便器，保持个人卫生是必要的。

三、实训要求

1. 实训时间

教学时间为 2 个课时。

2. 实训形式

学生每 5 人组成 1 个工作小组，各小组制定实施方案及工作计划。组长协助教师指导本组学生学习，检查实训作业进度和质量，制定改进措施，共同完成项目任务。

3. 安全注意事项

（1）未经教师或管理员允许不得擅自操作。

（2）所有有关电气部件的工作必须由合格的电工进行。

（3）清洁剂不得使用氯基清洗剂（侵蚀不锈钢）或丙酮和乙醚基清洗剂（侵蚀塑料和橡胶）。

（4）用清洁剂和干净水清洁、消毒和清洗所有接触过污物的地方，必须戴橡胶手套避免污染。

4. 工器具材料准备

（1）防护用品，包括防滑鞋、绝缘手套、工作服等。

（2）工具，包括清洁工具等。

（3）个人用品，包括笔、笔记本等。

四、实训作业步骤

1. 整体实训过程（见图 4-2-1）

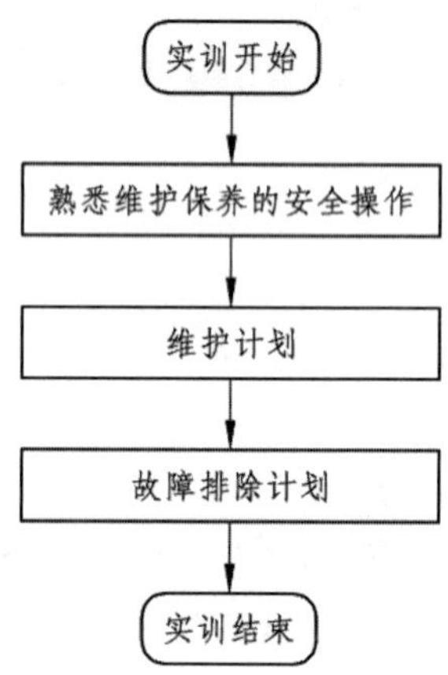

图 4-2-1　整体实训过程

2. 实训作业流程（见表 4-2-1）

表 4-2-1　实训作业流程

工序	实训内容	使用工具	安全注意事项	作业结果记录
日常养护	安全操作标准。 （1）如果维修管路，应确保真空发生器同管路是断开的，拆卸管路的任何部分，应检查保证没有溢出的危险，必须戴橡胶手套避免污染，用清洁剂和干净水清洁、消毒和清洗所有接触过污物的地方。 （2）管路中有压力时不得断开任何部分。 （3）便盆用清洁剂和干净水清洁、消毒和清洗所有接触过污物的地方。 （4）污物箱需打开或移动箱体前必须将其排空。 （5）接触污物后，未经彻底清洗不得操作饮用水管或饮用水系统	清洁工具	保持卫生	

续表

工序	实训内容	使用工具	安全注意事项	作业结果记录
日常养护	维护计划。 （1）便器，每月检查功能是否正常和是否泄漏，推荐使用柠檬酸进行冲洗。每月检查冲洗喷嘴。每年检查维护排泄阀，如果需要更换就更换。 （2）气水控制盘，每月检查功能是否正常和是否泄漏，每月检查过滤减压阀滤芯，并每年进行更换。 （3）减压阀、压力开关 S1、真空发生器检查，如果需要更换就更换。每年更换真空单向阀。 （4）电气控制系统，每月检查其功能、指示灯、按钮等。 （5）污物箱，每月检查箱体、液体开关，每年检查温控器、电加热管、箱体上所有橡胶件、如果需要更换就更换，每年更换卸污球阀	清洁工具	保持卫生	
	故障排除计划。 （1）冲洗循环不启动，产生此类故障可能原因是污物箱 100%、促动防冻排空循环、没电、没压缩空气、电气故障、冲洗按钮故障、便器或系统出现故障使系统被禁用。对应的解决措施包括：排空污物箱、停止防冻排空循环、检查电源连线、检查压缩气供应、检查故障位置、更换按钮。 （2）便盆冲洗不彻底，产生此类故障可能原因是上水系统堵塞、喷嘴堵塞、水增压器供水不足。对应的解决措施为清洗过滤器、清洗、检查冲洗水阀。 （3）无冲洗水，产生此类故障可能原因是供水阀门被关闭、车上水箱无水、水增压器失效、冲洗阀或电磁阀 V2 失效。对应的解决措施包括：打开阀门、为水箱充满水、更换水增压器、清洗或更换。 （4）便盆未被排空，产生此类故障可能原因是便盆至污物箱的管路被堵塞、排泄阀未完全打开。对应的解决措施包括：拆卸管路清理堵塞或手动操作产生足够大真空来清理堵塞、检查电磁阀 V4 及可控单向阀，看是否有管路泄漏或堵塞。 （5）真空压力未达到，产生此类故障可能原因是排泄阀未关闭、真空发生器堵塞、污物箱卸污球阀未关闭、通气阀未关闭、污物箱冲洗阀未关闭。对应的解决措施包括：检查电磁阀 V4、V5 及可控单向阀，清理、关闭球阀或检查密封，检查关闭通气阀，检查关闭污物箱冲洗阀。	目视	保持卫生	

续表

工序	实训内容	使用工具	安全注意事项	作业结果记录
日常养护	（6）便器排泄阀未关闭，产生此类故障可能原因是排泄阀堵塞、气路故障、压缩空气中断、电磁阀失效。对应的解决措施包括：清理或检查、检查排泄阀控制气路、检查压缩空气供应、更换。 （7）液位开关故障，产生此类故障可能原因是液位开关故障、电气接线故障。对应的解决措施包括：清洗或更换、检查并更正。 （8）止回阀故障，产生此类故障可能原因是止回阀未关闭、止回阀堵塞。对应的解决措施包括：清洗或更换、清洗或更换。 （9）污物箱 100%，产生此类故障可能原因是污物箱满，对应的解决措施为排空污物箱。 （10）压缩空气供应不足，产生此类故障可能原因是气源压力低、压缩空气泄漏、压力开关 S1 故障。对应的解决措施包括：提高气源压力、检查、清洗或更换	—	保持卫生	

五、实训考核标准（见表4-2-2）

表 4-2-2 实训考核标准

项目	标准	配分	得分
安全操作标准	能否说出安全操作标准的要点	30	
维护计划	能否说出按照怎样的顺序进行维护	35	
故障排除计划	能否说出十个常见故障及产生原因处理方法	35	

六、思考题

产生便盆未被排空的故障原因有哪些？

参考文献

[1] 王连森. 城市轨道交通车辆维护与检修[M]. 北京：中国铁道出版社，2012.
[2] 陈廷凤. 城市轨道交通车辆电器[M]. 成都：西南交通大学出版社，2015.
[3] 刘敏，城市轨道交通车辆电器[M]. 北京：北京交通大学出版社，2019.
[4] 李怀俊，曾颖委. 城市轨道交通车辆电气结构与检修[M]. 北京：电子工业出版社，2014.
[5] 刘敏，刘燕. 城市轨道交通车辆电气系统检修[M]. 北京：人民交通出版社，2021.